D0238993

# Le mystère Jésus vingt siècles après

DU MÊME AUTEUR

*Jésus et son message, selon saint Luc*, Éditions Saint-Paul, Paris, 1988.

*Prières d'adieu pour nos défunts*, Éditions Paulines-Médiaspaul, Montréal, 1994.

Georges Convert

# Le mystère Jésus vingt siècles après

BELLARMIN

**Données de catalogage avant publication (Canada)**

Convert, Georges, 1936-

Le mystère Jésus vingt siècles après

Comprend des réf. bibliogr.

ISBN 2-89007-775-6

1. Jésus-Christ - Présence. 2. Église. 3. Vie spirituelle - Christianisme. I. Titre.

BT590.P75C65 1994 232',8 C94-940909-X

Dépôt légal: 3e trimestre 1994
Bibliothèque nationale du Québec


ISBN: 2-89007-775-6

Les Éditions Bellarmin bénéficient de l'appui du Conseil des Arts du Canada et du ministère de la Culture du Québec.

# PRÉSENTATION

Notre société se caractérise, entre autres, par un vide spirituel qui demande à être comblé. Il existe une préoccupation, un questionnement plus ou moins conscient sur le sens de la vie et de la mort. Divers courants d'idées et des nouvelles religions apparaissent dans un paysage qui a cessé d'être homogène. La situation est interpellante.

Après dix ans d'engagement au service de la foi chrétienne, l'équipe de Sentiers de Foi en est venue à partager une même conviction: aujourd'hui nous avons à nous entraider pour redécouvrir en profondeur qui est Jésus et quelle est la nature du Royaume de Dieu qu'il a proclamé en paroles et en gestes.

Dans cette optique, nous avons organisé une série de cinq conférences-débats ayant pour thème *Le "mystère Jésus", vingt siècles après*. La responsabilité de l'animation en fut confiée à Georges Convert, prêtre-missionnaire et collaborateur à Sentiers de Foi.

Jouissant d'une solide formation spirituelle et intellectuelle, bien incarné dans un Québec en mutation, cofondateur de la communauté ecclésiale Copam à Montréal, Georges Convert a su trouver une approche et un langage qui répondent à des attentes.

Si l'on en juge par la qualité d'écoute de ses auditeurs, par le sérieux des échanges et par les réactions surgies au cours d'une évaluation, on peut déduire que le conférencier a réussi à donner le goût de Jésus Christ et des valeurs nécessaires au mieux-être d'une société en quête d'orientation.

La publication du présent ouvrage a pour but de rendre accessible à un public élargi le contenu des cinq conférences qui ont puisé à une Source capable d'étancher la soif spirituelle de nos contemporains.

Irénée BEAUBIEN, s.j.
Directeur de Sentiers de Foi

Abréviations des livres bibliques

| | |
|---|---|
| Ac | Actes des apôtres |
| 1Co | 1re lettre de Paul aux Corinthiens |
| 2Co | 2e lettre de Paul aux Corinthiens |
| Ep | Lettre de Paul aux Éphésiens |
| Ex | Livre de l'Exode |
| Ez | Livre du prophète Ézéchiel |
| Ga | Lettre de Paul aux Galates |
| Is | Livre du prophète Isaïe |
| Jn | Évangile selon Jean |
| 1Jn | 1re lettre de Jean |
| Jon | Livre de Jonas |
| Jr | Livre du prophète Jérémie |
| Lc | Évangile selon Luc |
| Lv | Livre du Lévitique |
| Mc | Évangile selon Marc |
| Mt | Évangile selon Matthieu |
| Ph | Lettre de Paul aux Philippiens |
| Ps | Psaume |
| 1R | 1er livre des Rois |
| Rm | Lettre de Paul aux Romains |
| Sg | Livre de la Sagesse |
| Si | Livre du Siracide |
| Tb | Livre de Tobie |

Exemple:

Lc 7,11-15 veut dire Évangile selon Luc, chapitre 7, versets 11 à 15.

# I

# JÉSUS, AVANT LE CHRISTIANISME

## Fiche d'identité

*Nom:* Ieschoua, bar Iôseph; en français: Jésus, fils de Joseph.
*Nom de la mère:* Myriam; en français: Marie.
*Lieu de naissance:* peut-être Bethléem, en Judée.
*Date de naissance:* incertaine;
quelques années avant le début du premier siècle de notre ère.
*Domicile:* Nazareth, en Galilée.
*État civil*: célibataire.
*Profession:* fils de charpentier, mais aussi prêcheur itinérant.
*Décédé:* dans la trentaine avancée, à Jérusalem...
en l'an 30 ou 33.
*Cause de la mort:* mise en croix,
ordonnée par le gouverneur romain de Jérusalem.

## Que sait-on de Jésus de Nazareth?

Beaucoup et peu, tout à la fois.
Peu, car les écrivains de l'époque en parlent à peine.
Les quelques rares mentions de Jésus se trouvent chez des auteurs de la fin du premier siècle et du début du deuxième.
En l'an 95, l'historien juif Flavius Josèphe écrit:

> À cette époque, il y eut un homme sage nommé Jésus.
> Sa conduite était bonne, ses vertus furent reconnues,
> et beaucoup de Juifs se firent ses disciples.
> Pilate le condamna à être crucifié et à mourir.
> Ceux qui s'étaient faits ses disciples prêchèrent sa doctrine.
> Ils racontèrent qu'il leur était apparu et qu'il était vivant.
> Ils le considérèrent comme le messie.
> Jusqu'à maintenant encore, le groupe des chrétiens,
> ainsi nommé à cause de lui, n'a pas disparu.

En l'an 110, le romain Pline le Jeune persécute les chrétiens.
Il est gouverneur de Bithynie en Asie Mineure,
et il écrit à l'empereur romain Trajan :

> N'ayant jamais eu auparavant l'occasion
> de produire une preuve contre des chrétiens,
> je ne sais comment agir.
> Après deux ou trois interrogatoires accompagnés de menaces,
> je fais exécuter ceux qui persistent à se déclarer chrétiens.
> L'enquête a prouvé qu'ils se réunissent à des jours fixes,
> avant le lever du soleil,
> pour chanter un hymne à Christus comme à un dieu.

Enfin, en l'an 116, l'écrivain romain Tacite décrit la persécution
organisée par l'empereur Néron en 64 :

> Néron soumit au supplice ces gens détestés
> que le peuple appelle vulgairement chrétiens.
> Ce nom de chrétiens leur vient d'un certain Christ
> qui a été supplicié sous le règne de l'empereur Tibère
> par le procurateur Ponce Pilate.

La naissance de Jésus fut donc plutôt ignorée :
il n'était pas le fils d'un roi
et Israël, son pays, était un tout petit pays.
On peut sans doute penser que, de son vivant,
sa renommée ne dépassa pas les frontières de son peuple.

Mais cependant on sait beaucoup de ce Jésus de Nazareth.
Depuis sa mort, des milliards d'hommes l'ont pris pour maître
et sont devenus ses disciples.
Des milliers, peut-être des millions d'écrits parlent de lui.
Ils sont l'écho de son message : à commencer par les évangiles.

## Peut-on se fier aux évangiles?

Pouvons-nous prendre les évangiles
pour des biographies fidèles et sûres de Jésus de Nazareth?
En effet, les évangiles sont des catéchèses
et ils ont été écrits par les partisans du Christ.
Ce sont des témoignages qui s'adressent à des croyants
pour les former et les fortifier dans leur adhésion au Christ.
Le portrait de Jésus y est donc tracé par des gens
fortement influencés par leur foi en Jésus ressuscité.
Les quatre évangiles sont mis par écrit
plus de 40 ans après la mort de Jésus survenue en l'an 30 ou 33.
L'évangile de Marc aurait été rédigé autour de l'an 70.
Dans leur état actuel, les écrits de Matthieu et de Luc
pourraient dater des années 80-90.
Enfin le texte de Jean, commencé en l'an 50, puis augmenté,
aurait été terminé vers l'an 100.
Les évangiles tracent donc un portrait du Jésus des chrétiens.
À partir de ces récits évangéliques, est-il possible aujourd'hui
de redécouvrir le Jésus d'avant le christianisme?

### *Comment les récits évangéliques se sont transmis*

Comment peut-on se souvenir fidèlement des paroles de Jésus,
tant d'années après sa mort?
Pour répondre, il faut rappeler les habitudes de cette époque.
Les écrits existent mais ils sont rares
car il est long et coûteux d'écrire sur des parchemins.
Un maître (un rabbi) enseigne à un groupe de disciples
avec des formules simples, courtes, qu'il fait souvent répéter.
Ainsi les disciples gardent en mémoire ses expressions
et ils pourront les retransmettre fidèlement.

Quand ils enseigneront à leur tour,
ils le feront en se référant aux paroles du maître
selon la formule habituelle: «Comme dit Rabbi Untel...»

Les leçons de l'enseignant s'apprennent donc par cœur
et elles se transmettent oralement.
Regardons une parabole de Jésus: la maison bâtie sur le roc.

> Qui apprend mes leçons et les met en pratique,
> à qui le comparer?
>
> À un homme sage qui construit sa maison sur le roc.
> La pluie est tombée, les torrents sont venus,
> les vents ont soufflé et se sont jetés
> contre cette maison.
> Et elle n'est pas tombée car elle était fondée sur le roc.
> Qui apprend mes leçons sans les mettre en pratique,
> à qui le comparer?
> À un homme insensé, qui bâtit sa maison sur le sable.
> La pluie est tombée, les torrents sont venus,
> les vents ont soufflé et se sont jetés
> contre cette maison.
> Alors, elle est tombée et sa chute fut grande.
> (d'après Mt 7,24-27)

À cause des phrases parallèles de ces deux croquis imagés,
on comprend que le récit se retienne facilement.
Pour mieux comprendre, prenons un exemple actuel:
celui des chansons du folklore.
Les vieilles chansons de France se sont gardées
presque mot pour mot au Québec.
Et ce n'est pas l'écrit qui en a assuré la fidèle continuité.
On les connaît et on les chante par cœur.

C'est la mémoire collective qui a sauvegardé l'exactitude des mots.
De la même façon qu'on retient une chanson du folklore
et qu'il est difficile d'en changer les mots,
ainsi les leçons de l'enseignant juif se transmettaient
sans grand changement.
Cette fidélité n'empêchait pas une adaptation des phrases
afin que la pensée de Jésus soit bien comprise.
Cette adaptation était surtout nécessaire
lorsqu'il fallait traduire de la langue juive à la langue grecque.
En effet, très vite, l'Évangile a été prêché
en Galatie, à Colosse, à Éphèse, à Corinthe et à Rome.
On devait non seulement transmettre les paroles de Jésus
mais les faire comprendre à des gens
qui avaient d'autres manières de vivre et de penser
que les Juifs de Palestine.

Cette étape de la transmission orale, de bouche à oreille,
a donc duré une trentaine d'années.
L'apôtre Paul écrira aux chrétiens de Corinthe:
«Je vous ai transmis ce que j'ai reçu moi-même.» (1Co 15,3)
Dans la première lettre de Jean, l'auteur explique
ce qu'est la transmission du message de Jésus:

> Ce que nous avons entendu, ce que nous avons vu de nos yeux,
> ce que nos mains ont touché de Celui qui est Parole de Vie,
> nous vous l'annonçons
> pour que vous soyez en communion avec nous. (1Jn 1,1.3)

### *Les récits évangéliques mis par écrit*

Les récits évangéliques ont donc leur source
dans le témoignage de ceux qui ont vécu avec Jésus.

Lorsque ces témoins viennent à mourir,
alors des chrétiens de la deuxième génération commencent
à mettre la «tradition» par écrit.
Remarquons-le bien:
chacun des récits évangéliques va être rédigé
dans des villes et pour des communautés différentes.
On pense que Marc met par écrit la catéchèse de l'apôtre Pierre
pour les chrétiens de Rome.
Matthieu rédige la catéchèse des communautés de langue juive
qui habitaient en Syro-Palestine.
Luc, compagnon de l'apôtre Paul, écrit pour les communautés
qui sont fondées par Paul, et qui sont de langue grecque.
Enfin, l'évangile de Jean a probablement été terminé à Éphèse.
Il est destiné à des chrétiens qui ont été fortement influencés
par la pensée et la philosophie grecques.
Ces évangiles sont donc les catéchèses de communautés
qui sont fort éloignées les unes des autres:
de la Palestine à Rome, en passant par Éphèse et la Grèce.
L'évangile de Jean, très méditatif, représenterait peut-être
l'enseignement de Jésus aux apôtres.
Les trois autres évangiles retraceraient davantage
l'enseignement de Jésus aux foules.

Ce sont les besoins de la catéchèse
qui ont parfois conduit l'évangéliste à adapter la tradition:
par exemple, en changeant le lieu ou le moment de tel fait
pour qu'il s'insère mieux dans le plan choisi pour son évangile.
Chaque évangéliste fait un «montage» des récits évangéliques
pour mieux répondre aux besoins spirituels des chrétiens.
Il y a donc quelques variantes.
Mais, en comparant ces divers témoignages,

nous pouvons découvrir une grande unité
dans le portrait qui nous est fait du Christ.
Ces variantes sont d'ailleurs peut-être la meilleure preuve
de la vérité profonde des évangiles.
Personne n'a voulu retoucher ces textes
pour qu'ils se ressemblent tout à fait
et qu'ainsi les paroles ou les faits apparaissent plus exacts.
Ce qui importait aux chrétiens, c'était de rapporter
la pensée de Jésus, sa vision de Dieu,
sa façon de comprendre le projet de Dieu sur le monde.
Une chronique précise des lieux et des dates de sa vie
n'aurait pas rendu Jésus plus vivant
pour les générations futures.
Mais, par contre, pour garder Jésus vivant,
il était important de bien connaître sa pensée.
Or les spécialistes nous disent
que les évangiles comportent un noyau de paroles
(tout spécialement dans les paraboles)
qui portent vraiment la marque de Jésus:
un style simple, clair, imagé, incisif.
Ces paroles disent comment Jésus parlait de Dieu,
comment il vivait avec Dieu.

## Un portrait de Jésus est-il possible?

Vingt siècles après sa mort,
peut-on dire quelque chose de nouveau sur Jésus?
Les images que l'on se fait de Jésus seront toujours diverses,
car chacun met davantage en lumière
l'un ou l'autre aspect de la personnalité du Christ:
le Jésus des communautés de base du Brésil est un libérateur,

mais il l'est différemment du Jésus plus anarchique
des hippies des années 1960;
le Jésus du moine n'est pas tout à fait le même
que celui du laïque engagé;
celui du chrétien orthodoxe a d'autres couleurs spirituelles
que celui du chrétien d'une Église évangélique;
le charismatique chante Jésus avec d'autres accents
que le spécialiste de l'Écriture sainte...
Depuis 2000 ans, ce sont des milliers de portraits de Jésus!

Quelle image de Jésus peut se dessiner aujourd'hui,
en cette fin du vingtième siècle?
Sera-t-elle plus vraie que celle tracée par nos prédécesseurs?
Peut-être... et pour plusieurs raisons.
Elle sera plus vraie
car notre connaissance de l'époque de Jésus s'approfondit
grâce au travail des spécialistes de l'Écriture sainte,
aux fouilles archéologiques de Palestine,
à la découverte des manuscrits de Qumrân, en 1947,
sur les bords de la mer Morte.
Notre compréhension de Jésus sera plus vraie, peut-être,
car les chrétiens vivent aujourd'hui l'Évangile
dans une situation sociologique
qui ressemble plus à celle des premiers temps de l'Église.
En effet, en Occident particulièrement,
les disciples de Jésus deviennent, de nouveau, un petit groupe.
L'Évangile n'y est plus dans une situation de pouvoir
comme il le fut pendant les siècles de chrétienté.
Enfin, et surtout, l'Évangile est connu plus qu'autrefois:
un grand nombre de chrétiens étudient la Bible
et beaucoup partagent l'Évangile en petit groupe de disciples.

Pour ces chrétiens, l'Évangile est devenu le Livre de Vie.
Il y a plus de 40 ans,
le philosophe français Jacques Maritain prédisait ceci:

> Si une nouvelle chrétienté doit venir à l'existence,
> ce sera un âge où les hommes liront et méditeront l'Évangile
> plus qu'ils ne l'ont jamais fait.

Madeleine Delbrêl a traduit admirablement
ce que ces chrétiens de l'Évangile vivent avec force:

> Celui qui laisse pénétrer en lui une seule parole du Seigneur
> et qui la laisse s'accomplir dans sa vie,
> [celui-là] connaît plus l'Évangile
> que celui dont tout l'effort restera méditation abstraite
> ou considérations historiques.
> L'Évangile est non seulement le livre du Seigneur vivant,
> mais le livre du Seigneur à vivre.
> Il n'est pas fait pour être lu, mais pour être reçu en nous.
> La lumière de l'Évangile n'est pas une illumination
> qui nous demeure extérieure:
> elle est un feu qui exige de pénétrer en nous
> pour y opérer une transformation.
> Les paroles de l'Évangile... il faut d'abord les écouter,
> sur les bords du mystère d'où elles sortent,
> dans leur simplicité abrupte,
> dégagées de tous les commentaires, de toutes les traductions[1].

Le «mystère Jésus» ne peut véritablement s'éclairer
que pour celui qui s'engage à accueillir Jésus dans sa vie.
Il faut vouloir se lier à lui dans l'amour
pour communier au mystère de son être le plus profond.

## Jésus et son époque

Quelle sorte de Juif Jésus a-t-il été?
Qu'a-t-il voulu faire? Qu'a-t-il espéré?
Pour mieux comprendre ce que Jésus a tenté d'accomplir,
il est bon de le situer par rapport aux autres Juifs de son temps.
Les évangiles font commencer l'activité de Jésus comme maître
dans l'environnement de Jean, le baptiste.
Quand Jean prêche sur les bords du Jourdain,
il y a près de cent ans que les Romains ont conquis la Palestine.
C'est la dernière période de l'existence de la nation juive.
En l'an 70, les Romains détruiront le temple de Jérusalem.
À partir de l'an 135, il n'y aura plus d'État juif...
jusqu'en l'an 1948: 1800 ans!
En ces années 30 du premier siècle,
la Judée (au sud avec Jérusalem) et la Samarie (au centre)
sont confiées à un préfet romain, Ponce Pilate;
la Galilée (au nord) — qui fut le coin de terre où Jésus a vécu —
est donnée à un roitelet, mi-juif, mi-arabe, Hérode Antipas.

### *Les Zélotes*

Le début de ce siècle a été marqué par une rébellion.
Les Romains ayant instauré un impôt,
Judas le Galiléen profite de la révolte des foules
pour fonder un mouvement de lutte pour la liberté: les Zélotes.
Judas sera battu par les Romains
et on le crucifiera avec 2000 autres rebelles.
Son mouvement continuera pourtant.
Il sera formé de petits groupes clandestins
qui vont harceler les troupes romaines
par des opérations de guérillas et des soulèvements de foules.

Pour eux, accepter l'occupation romaine était un sacrilège:
le pays et le peuple n'appartiennent qu'à Dieu, l'unique Roi.
Payer l'impôt à l'empereur romain César,
c'était donc livrer au roi païen ce qui est dû au vrai Roi divin.

*Les Pharisiens*

Les membres du groupe religieux appelé pharisien
partagent le point de vue des Zélotes.
Six mille d'entre eux avaient d'ailleurs refusé
de signer l'acte d'allégeance à César.
Mais ils ne croient pas opportun de prendre les armes
car les Romains sont trop puissants et les risques trop grands.
Ces Pharisiens forment une sorte de confrérie spirituelle.
Par l'intermédiaire de leurs membres qui sont scribes,
c'est-à-dire interprètes de la Loi et de ses 613 règlements,
les Pharisiens sont les maîtres à penser du peuple.
Par leur piété et leur connaissance des règles de morale,
ils sont les leaders des synagogues.
C'est ainsi qu'on appelle le lieu de prière dans chaque village.
Comme il arrive parfois aux gens qui sont très pieux
et très fidèles à suivre une morale exigeante,
les Pharisiens ont la réputation de n'avoir souvent que mépris
pour ceux qui pratiquent peu leur religion.
Ils se recrutent parmi la classe moyenne:
les artisans, les commerçants et les notables.
Malgré leur nom de Pharisiens qui veut dire les Séparés,
ils vivent et travaillent au milieu du peuple.

*Les Esséniens*

Par contre, ces Juifs très mystiques ont décidé de fuir la société
qu'ils considèrent corrompue, infidèle et sans-loi.

Ils sont regroupés dans des communautés
qui sont un peu semblables à des monastères.
La plus célèbre est celle de Qumrân, au nord de la mer Morte.
Ils pratiquent le baptême, de nombreux rites de pureté,
des repas sacrés de pain et de vin.
Pour eux, les autres Juifs ne respectent pas la Règle de Dieu
et sont donc méprisables.
Ils pensent que, lorsque le Messie viendra,
il détruira les Juifs infidèles
qu'ils appellent «fils des ténèbres».
Eux, les «fils de lumière», formeront le nouvel Israël.
Ils ne reconnaissent pas l'autorité des Romains,
et pas davantage celle des grands-prêtres du Temple,
qui sont considérés par eux comme illégitimes.

*Les Sadducéens*

Le parti des Sadducéens regroupe le clergé du Temple
et les grandes familles riches.
Ils sont une secte, une école de théologie et un parti politique.
Ils sont des gens conservateurs en religion:
ils n'admettent que la Loi écrite
et refusent les traditions des scribes.
Ils sont plutôt réalistes au plan politique:
ils pratiquent la collaboration avec l'occupant romain.
C'est l'occupant romain qui choisit le grand-prêtre juif!
Aussi une corruption déshonorante entoure la désignation
de celui qui est le premier personnage du pays.
Cette collaboration infidèle avec le païen
est, pour eux, le moyen de conserver l'ordre établi
et de préserver l'autorité que Rome leur a laissée sur le peuple.

Cela leur permet aussi de continuer à percevoir
les riches retombées monétaires des activités du Temple.
Les Sadducéens ont peur de tout mouvement de révolte
car cela risquerait de leur faire perdre leur peu de pouvoir.
Dans les évangiles, ils sont souvent désignés par l'appelation:
«les chefs des prêtres et les anciens».
Ce sont eux qui forment le grand conseil juif: le Sanhédrin.

Face à ces Sadducéens, qui sont pour le statu quo,
les autres groupes (Zélotes, Esséniens, Pharisiens)
espèrent fortement un changement social et politique.
Tous pensent que Dieu ne peut laisser son peuple
dans cette situation d'oppression.
Un jour prochain, un homme se lèvera pour libérer Israël:
un homme, un roi qui ne sera pas la créature des Romains
mais qui sera choisi par Dieu, autrement dit un *messie*.
Ce nom vient du mot hébreu ***maschiah***;
il signifie: «celui qui est marqué par une onction d'huile,
celui qui est désigné par Dieu».
Chaque groupe imagine le messie à sa façon:
— un messie-roi militaire pour les Zélotes,
— un messie-roi juge et prêtre pour les Esséniens,
— un messie-roi maître de la Loi pour les Pharisiens...
Tous attendent du messie qu'il mène Israël à la victoire:
victoire sur les ennemis de Dieu d'abord
mais victoire accompagnée du châtiment des Juifs infidèles.
Esséniens, Zélotes et Pharisiens pensent qu'ils seront épargnés
car ils sont les Juifs fidèles et purs.
Les Zélotes se considèrent comme des purs
parce qu'ils luttent contre ces païens que sont les Romains.
Les Esséniens se considèrent comme des purs

parce qu'ils mènent une vie de renoncement et de prière
dans les monastères.
Les Pharisiens se considèrent comme des purs
par leur observation méticuleuse des règles de la Loi.
Tous ont la certitude d'être sauvés quand le messie viendra.

*Les Baptistes*

Les Baptistes, eux, appellent tous les Juifs à la conversion.
Le plus célèbre des membres de ce groupe est Jean.
Sur les bords du Jourdain, il prêche à la foule du petit peuple:
ce petit peuple qui est méprisé
par tous ceux qui se pensent agréables à Dieu et sauvés.
Jean invite tous les Juifs à un changement de vie:
quelles que soient leur classe sociale et leur pratique religieuse.
L'appel est lancé aux mercenaires-soldats et aux prostituées,
aux collaborateurs avec l'occupant et aux non-pratiquants.
Mais Jean l'adresse également aux scribes et aux Pharisiens...
et même au roi Hérode Antipas!
Il invite chacun à faire son examen de conscience
parce que la colère divine est imminente.
Quelle est cette colère divine prédite par Jean?
Pour Jean, la colère divine est la punition de Dieu
pour tous ceux qui font le mal.
Souvent cette punition se réalise lors d'une guerre
où les malfaisants sont battus et exterminés.
Dans les circonstances, ce sera une guerre entre Juifs et Romains.
Jean veut prévenir chacun des Juifs de pas s'imaginer
que Dieu va prendre parti pour tous les Juifs contre les païens:
même si chaque Juif peut se considérer fils de Dieu,
parce qu'il est de la race d'Abraham.

Ne pensez pas pouvoir vous dire:
nous avons Abraham pour père...
Je vous le dis: Dieu peut faire se lever des fils d'Abraham,
à partir de ces pierres. (Lc 3,8)

Ce qui veut dire:
Dieu peut choisir comme descendants d'Abraham qui Il veut: des Juifs comme des païens.
Jésus reprendra cette vision d'un salut de Dieu
qui est offert à tous les peuples:

De l'est et de l'ouest beaucoup viendront
pour prendre place à la table avec Abraham, Isaac et Jacob...
et les fils du Royaume seront jetés dehors. (Mt 8,11-12)

Pour Jean, le messie viendra au nom de Dieu:
il séparera les fils d'Abraham des malfaisants
comme la pelle à vanner sépare le grain de blé de la bale.
La bale sera brûlée.
Mais alors qui sont les fils d'Abraham?
Que doit-on faire pour être reconnu fils d'Abraham par Dieu?
Faut-il se baptiser, se plonger dans les eaux purificatrices?
Oui; mais, pour Jean, cela ne suffit pas.
Il faut que ce geste corresponde à un vrai changement de vie.

Si quelqu'un a deux tuniques,
qu'il partage avec celui qui n'en a pas...
et celui qui a de quoi manger, qu'il fasse de même. (Lc 3,11)

Aux percepteurs d'impôt, Jean dit:

N'exigez pas plus que ce qui est prescrit. (Lc 3,13)

Aux mercenaires-soldats, il dit:

Ne maltraitez personne. N'extorquez rien.
Contentez-vous de votre solde. (Lc 3,14)

Reprenant des paroles du prophète Isaïe, Jean proclame:

> Préparez le chemin du Seigneur.
> Rendez droits ses sentiers.
> Tout ravin sera comblé.
> Toute montagne et toute colline seront abaissées.
> Ce qui est tortueux sera remis droit.
> Les escarpements seront aplanis.
> Et tout être humain aura part au salut de Dieu. (Lc 3,3-6)

Les textes des prophètes étaient commentés à la synagogue.
On donnait un sens symbolique à ce texte d'Isaïe:
le ravin représente les pauvres:
ceux qui sont au bas de l'échelle sociale, et qui seront comblés;
montagne et colline représentent ceux qui dominent les pauvres:
ils seront jetés en bas de leur trône;
le tortueux est le pouvoir qui opprime Israël;
les escarpements sont les obstacles au Règne de Dieu.
La prédication du baptiste rejoint ces idées de changement.
C'est pourquoi elle va rencontrer l'attente des foules
car de nombreux Juifs souffrent de la misère.
Dominés, autant par les riches de leur peuple
que par l'occupant romain,
ils se sentent marginalisés dans leur propre nation.

Le succès du mouvement spirituel déclenché par Jean le baptiste
a sans doute impressionné Jésus.
Il se peut que Jésus ait fréquenté le mouvement baptiste.
En tous cas, Jésus a choisi de se faire baptiser par Jean.
C'est à ce moment que Jésus commence sa vie de prédicateur.
Mais, très vite, Jésus montre qu'il sera différent du baptiste,
même si ses premiers disciples furent d'abord disciples de Jean.

Leur différence se voit dans la façon de vivre:
Jean porte le pagne de cuir, vêtement des prophètes,
Jésus porte la tunique, vêtement de l'homme ordinaire;
Jean vit comme un ascète qui mange peu et ne boit pas de vin,
Jésus pratique volontiers la fête et la communion de la table.
Mais leur divergence la plus profonde se trouve ailleurs:
elle est dans la conception même de la mission.

## Comment Jésus a-t-il compris sa mission?

Nous en avons un bon exemple dans la prédication de Jésus
à la synagogue de Nazareth.

> Jésus vient à Nazareth où il a grandi.
> Il entre dans la synagogue, le jour du sabbat.
> Selon son habitude, il se lève pour lire.
> On lui donne un livre du prophète Isaïe.
> Il déroule le livre et trouve le passage où il est écrit:
> «L'Esprit du Seigneur est sur moi.
> Il m'a désigné messie
> pour annoncer l'Évangile aux pauvres.
> Il m'a envoyé proclamer la liberté aux captifs
> et aux aveugles le retour à la vue,
> pour renvoyer les opprimés en liberté,
> et pour proclamer l'Année de grâce du Seigneur.»
> Ayant roulé le livre, Jésus le rend au servant et s'assoit.
> Dans la synagogue, les yeux de tous sont fixés sur lui.
> Alors il va leur dire comment, aujourd'hui,
> cet écrit s'accomplit à leurs oreilles.
> Tous lui rendent témoignage
> et s'étonnent des paroles qui sortent de sa bouche
> à propos de la grâce. (Lc 4,16-22)

On s'étonne des propos de Jésus sur la grâce. Pourquoi?
Après sa lecture, Jésus a commenté le texte d'Isaïe.
Il s'attarde sur la dernière phrase,
une phrase qu'il n'a pas lue complètement.
En effet, Jésus aurait dû lire:
«Il m'a envoyé pour proclamer l'Année de grâce du Seigneur
et le Jour de la vengeance de Dieu.»
Jésus a arrêté la lecture après la première partie de la phrase:
«Il m'a envoyé pour proclamer l'Année de grâce.»
Le Jour de la vengeance de Dieu évoque le Jour du jugement.
Le baptiste annonçait ce Jour du jugement et de la colère divine.
Jésus ne parle ni du jugement ni de la colère de Dieu
mais de l'Année de grâce de Dieu.

*Qu'est-ce que l'Année de grâce?*

La Loi de Moïse demande d'organiser une Année de grâce
tous les cinquante ans.

> Au Jour du Grand Pardon,
> vous ferez retentir la trompette dans tout le pays.
> Vous déclarerez «Année sainte» la cinquantième année.
> Vous proclamerez la libération
> pour tous les habitants dans le pays.
> Chacun retournera dans ses biens et dans son clan. (Lv 25,9-10)

Cette loi généreuse demandait donc à chacun
d'effacer les dettes de son prochain.
Il fallait que partout on fasse grâce à tous les débiteurs.
Celui qui avait dû hypothéquer sa terre ou son bétail
— car il était endetté —
celui-là retrouverait son bien,

même s'il n'avait pas encore fini de rembourser l'hypothèque.
Il était acquitté de sa dette envers le propriétaire,
avant terme et sans aucune condition.
Celui qui avait été contraint de se vendre lui-même
comme ouvrier sans salaire,
celui-là recouvrait sa liberté et sa dignité.

À notre époque, décréter une Année de grâce
ce serait voir l'épicier déchirer notre note de crédit,
et notre gérant de banque libérer notre hypothèque,
même s'il reste encore plusieurs paiements à rembourser.
Ce serait aussi permettre aux sans-travail
de retrouver une dignité en se sentant utiles.
Ce serait abolir tous les apartheids, quels qu'ils soient.

Cette grâce valait aussi pour les relations avec Dieu.
Selon la Loi, si l'on avait été fautif, on devait réparer
en offrant des sacrifices, en faisant des dons au Temple,
en remboursant ce qu'on avait volé...
C'est ce que Zachée fera:
«Je donne la moitié de mes biens aux pauvres...
si j'ai volé quelqu'un, je lui rends quatre fois plus.» (Lc 19,8)
Mais, lors de l'Année de grâce, on était gracié, acquitté:
toutes les dettes envers Dieu étaient oubliées.
On était quitte de toute réparation,
on était acquitté avant d'avoir racheté sa faute.
On était pardonné sans autre condition
que d'accueillir la grâce de Dieu.
Voilà la mission que Jésus a conscience de recevoir du Père:
inviter les gens de son peuple à vivre l'An de grâce.
Il va consacrer sa vie et ses forces à annoncer

que le temps présent doit être une continuelle Année de grâce,
une Année de grâce reprise tous les ans.
Pour Jésus, Dieu est le Dieu qui fait grâce.

Tel est le Dieu que Jésus décrit dans une célèbre parabole,
celle du père prodigue et de ses deux fils,
qu'on trouve dans l'évangile de Luc (15,11-32).
Le fils cadet quitte le toit familial avec sa part d'héritage.
Il part au loin et gaspille tout son bien par une vie de débauche.
Quand il est sans le sou et affamé, il se souvient
que les ouvriers de son père ont trois repas par jour.
La faim fait taire son orgueil:
«Je vais retourner chez mon père et je lui dirai:
"Je ne suis plus digne d'être appelé ton fils,
mais traite-moi comme l'un de tes ouvriers-mercenaires".»
Mais son père, qui espérait son retour chaque jour,
court au-devant de lui, se jette à son cou, le couvre de baisers.
Et il organise le festin des retrouvailles.
Aucun reproche, aucune leçon de morale, aucune condition.
Le père accorde sa grâce.
Magnifique parabole appelée celle de l'enfant prodigue,
mais qui pourrait s'appeler la parabole du père prodigue:
le père de toute bonté qui donne et pardonne sans compter!
À travers le visage de ce père, Jésus nous dit qui est Dieu.
Dieu n'est pas le Juge éternel,
fût-il juste et équitable infiniment,
mais le Père qui fait grâce.

Ce visage de Dieu n'était pas évident pour le croyant juif:
ni pour le Pharisien, ni pour l'Essénien, ni pour le Baptiste.
Pour eux, Dieu se doit d'être juste et de faire justice...
mais pas de faire grâce!

Pour l'homme d'aujourd'hui, éduqué au sens de la juste justice,
il n'est pas plus facile de comprendre cette gratuité de Dieu.
Nous retrouvons peut-être nos propres réactions
dans celles du frère aîné de la parabole:
«Ton fils a dévoré tout ton bien avec des prostituées
et tu fais tuer le meilleur veau pour le fêter!» (Lc 15,30)
Nous sommes peut-être même choqués:
comme ce jeune refusant de prier pour ceux qui sont en prison:
«S'ils sont là, c'est de leur faute», me disait-il;
ou cet homme, pratiquant régulier et paroissien engagé,
qui était scandalisé de ce que Mère Teresa vienne en aide
aux gens atteints du sida: «Ils ont ce qu'ils ont mérité!»
Le fils prodigue n'avait pas besoin de sermon de son père
pour savoir qu'il avait mal fait.
Mais il avait besoin de cette folle gratuité de son père
pour se savoir encore aimé.
Le fils revenait vers son père demander du pain.
Le père lui a donné son amour.
Comme on est loin du Dieu juge de justice!
Jésus nous dit que Dieu est juste quand il fait grâce.
Il bouleverse la façon dont beaucoup voient le pardon de Dieu:
Dieu pardonnerait à celui qui répare,
à celui qui paie pour ses fautes.
C'est la conception du fils aîné de cette parabole.
Qu'est-ce que ce fils demande?
Il veut que son frère répare ses torts, paie ses dettes...
et, alors seulement, il pourra reprendre sa place!
Mais, au contraire, le père se jette à son cou,
avant même qu'il ait pu exprimer vraiment son repentir.
Cette façon de comprendre Dieu a scandalisé bien des Juifs.

Peut-être même est-ce cela qui a déconcerté Jean le baptiste?
Depuis sa prison, Jean envoie quelques-uns de ses disciples
demander à Jésus: «Es-tu celui qui doit venir?
ou devons-nous en attendre un autre?» (Lc 7,19)
Lui, Jean, avait prêché que le Jour du jugement était proche...
et Jésus parlait de la grâce de Dieu!
Aux Juifs qui lui demanderont de prouver
que sa vision de Dieu est la vraie,
Jésus répondra: «Cette génération demande des signes!
Il ne lui sera pas donné de signe, sauf celui de Jonas.» (Lc 11,29)
Pour Jésus, le personnage biblique de Jonas
était déjà le prototype de tous les fils aînés.
Qui est Jonas?
C'est le héros d'un livre de la Bible.
Dieu envoie Jonas aux habitants de Ninive pour leur dire
qu'ils vont subir la juste colère de Dieu pour tous leurs péchés.
Et voilà que les habitants se repentent et que Dieu pardonne.
Jonas s'irrite et dit à Dieu sa frustration:

> Ah! Seigneur! n'est-ce pas ce que je me disais?
> Je savais bien
> que Tu es un Dieu de tendresse et de miséricorde,
> lent à la colère, généreux en pardon. (Jonas 4,2)

Pourquoi sommes-nous jaloux de la bonté généreuse de Dieu?
Peut-être parce que nous ignorons la gratuité de l'amour?
Quand on a eu la chance d'être aimé dès sa jeunesse,
quand on n'a pas connu de graves échecs dans l'amitié,
peut-être finit-on par trouver normal d'être aimé?
Surtout d'être aimé de ceux qui sont nos proches, nos parents?
Personnellement, ce n'est que dans l'âge mûr
que j'ai «découvert» la gratuité de l'amour de mes parents.

Jusqu'alors, je vivais leur amour comme naturel, normal.
Et de là à vivre cet amour comme un dû, il n'y a qu'un pas.
Il m'a fallu découvrir que des enfants ne sont pas aimés,
et que des enfants n'aiment pas leurs parents...
alors, du plus profond de mon être,
a jailli un vrai merci à mon père, à ma mère:
«Merci pour la vie! Merci pour l'amour!»
L'amour d'une mère, d'un père, d'un époux ou d'une épouse,
ne peut être que pure gratuité.
Jamais nous ne devons le prendre comme un dû!
L'amour est toujours un don.
Il nous invite sans cesse à dire notre reconnaissance.
L'amour vrai se conjugue avec merci.

### *Le test de l'An de grâce*

Pour Jésus, Dieu est Dieu de grâce, plus que Dieu de justice.
Pour être comme son Père, le fils de Dieu doit apprendre
à aimer et à pardonner à son prochain,
comme Dieu qui aime et pardonne inconditionnellement.
Par l'exemple de toute sa vie,
Jésus va nous enseigner comment vivre de l'amour de gratuité.
Il y a, pour lui, comme une attitude-test pour vivre de grâce.
Ce test, c'est l'accueil que nous faisons
à tous ceux qui sont sans prestige, sans intérêt,
à tous ceux qui sont les rejetés de la société:
le pauvre, le malade, la veuve,
les pécheurs publics: bergers, publicains, prostituées...

Au temps de Jésus,
le *pauvre* n'est pas seulement le sans-moyens, le gagne-petit,
c'est aussi celui qui se sent méprisé, humilié dans sa dignité.

Il est souvent un *malade* qui ne peut travailler
et qui dépend de la générosité des autres pour survivre.
La *veuve* se trouve fréquemment sans situation sociale
dans un pays où c'est l'homme qui est un citoyen à part entière.
Elle n'a pas d'autre ressource
que celle qui lui vient de la caisse d'entraide de la synagogue:
une caisse alimentée, chaque sabbat, par les dons des fidèles.
Le *publicain*, collecteur des taxes, est à la fois
quelqu'un qui travaille pour l'occupant (un collaborateur)
et quelqu'un qui est soupçonné de ne pas être très honnête
lorsqu'il perçoit les taxes.
Le *berger* est peu pratiquant de la prière de la synagogue
car son métier le maintient loin des villages
lorsqu'il accompagne son troupeau dans les pacages.
On le soupçonne de mener ses bêtes paître sur les terres d'autrui.
Publicains et bergers sont interdits au Temple,
exclus de la prière de la synagogue.
Le pécheur public, c'est encore la prostituée,
mais aussi celui qui ne paie pas la dîme aux prêtres,
celui qui néglige le repos du sabbat et les bains de purification.
C'est aussi l'analphabète, l'illettré
qui ne peut pas bien connaître les Écritures saintes:
en effet, dans la société juive, être instruit c'est connaître la Loi divine.
Les gens illettrés sont donc des sans-loi.
Lorsque la Loi dicte toute la conduite de la vie,
c'est elle aussi qui définit les péchés.
Le pardon de Dieu ne s'obtient qu'au prix de démarches
qui sont très réglementées et coûteuses en argent:
bains de purification, sacrifices au Temple,
remboursement des sommes volées.

Tous ceux qui sont loin de toutes ces lois
ou qui sont trop pauvres pour ces démarches
sont considérés par la société comme des êtres sans morale.
Ce sont donc tous des marginaux
et leur souffrance est grande de se voir rejetés.
Ils risquent fort de ne plus croire en eux-mêmes
parce qu'ils ne seront jamais respectables aux yeux des autres.
Ils sont déconsidérés pour toujours dans la société.
Les scribes et les Pharisiens se font forts de leur dire
qu'ils sont aussi rejetés par Dieu.
Tout cela les conduit à vivre dans un climat de culpabilité,
de crainte et de désespoir.
Ils subissent un conditionnement psychologique et spirituel
qui est la cause de bien des maladies:
paralysie, blocage de la parole, maladie de la peau, névrose.
Dans l'ambiance religieuse de cette époque,
on considère ces maladies comme les conséquences
des forces mauvaises qui habitent le malade
et comme des punitions permises par Dieu à cause des péchés.
Ces écrasés, ces opprimés, ces misérables
sont très nombreux dans la société juive du temps.

C'est vers eux que Jésus va, c'est à eux qu'il se mêle.
Pour lui, aimer ceux qui n'ont rien à rendre en retour,
voilà le test pour vivre l'An de grâce en vérité.
Et cela, non par misérabilisme, par pitié condescendante.
Il n'y a pas trace de tels sentiments dans l'attitude de Jésus.
Parce que les êtres blessés se sentent diminués,
Jésus sait qu'on ne peut les rejoindre
qu'en se présentant soi-même petit et humble:
être comme celui qui sert.

L'amour qui domine est un amour blessant.
Devant la femme adultère poussée devant lui
par une bande en furie qui la condamne,
Jésus baisse les yeux pour ne pas l'humilier.
À Zachée le publicain, il demande d'aller loger chez lui,
quitte à se faire montrer du doigt par les gens bien:
«Il est allé loger chez un pécheur!» (Lc 19,7)
Au malade qu'il guérit, Jésus dit avec conviction:
«C'est ta confiance qui t'a sauvé.»
À tous, Jésus redonne espoir et confiance en eux-mêmes,
car eux aussi sont des fils et des filles de Dieu.
À chacun Jésus redit au nom de Dieu:

> Toi que les circonstances de la vie ont blessé,
> toi que l'égoïsme des puissants a exploité et abaissé,
> n'aie pas peur!
> Toi aussi tu es bon dans le fond de ton cœur.
> Tu es meilleur que ce que tu fais.
> Tu es plus grand que ce que tu penses de toi-même.
> Tu es, toi aussi, appelé à être fils, à être fille de Dieu.
> Tu es unique à ses yeux.

Ce message d'espérance, Jésus l'adresse à tous,
mais en priorité aux rejetés, aux marginalisés,
à tous ceux qui sont privés de ce minimum d'amour,
de ce minimum de considération
qui est nécessaire pour être un humain.
Pour Jésus, partager avec les rejetés et les oubliés,
accueillir ceux qui n'ont rien à échanger, à donner en retour,
c'est vivre de la bonté de Dieu.
C'est apprendre à aimer gratuitement, divinement:

Faites du bien et prêtez sans rien attendre en retour
et vous serez les fils du Très-Haut,
lui qui est bon avec les ingrats et les mauvais. (Lc 6,35)

Choisir d'aimer ceux et celles qui n'ont rien à préserver,
c'est aussi espérer semer dans leur cœur le véritable amour.
Celui qui reçoit gratuitement
apprendra peut-être à donner gratuitement à son tour.
Et ainsi se construira un monde plus humain, un monde de paix.
Jésus n'ignore rien des forces du mal qui sont en chaque humain.
Il sait que l'être humain a la liberté de blesser,
voire de détruire.
Il sait aussi la réalité de la bonté, la force de la générosité:
un geste d'amour vrai peut libérer en chacun les forces de vie;
il peut contribuer à arrêter
l'enchaînement des forces du mal et de la mort.
Pour bâtir un monde de paix, il faut plus que la justice.
Il faut libérer le cœur de l'être humain
par l'expérience de la bonté, de la miséricorde.

### *Convertir son regard sur Dieu*

Le premier appel lancé par Jésus, aux débuts de sa prédication,
est celui-là: «Convertissez-vous
et mettez votre confiance dans mon Évangile.» (Mc 1,15)
Nous sommes habitués à entendre ce mot «Convertissez-vous!»
pour signifier une conversion de foi:
j'étais incroyant, je suis maintenant converti et je crois
(ce n'est sans doute pas le sens ici
car Jésus s'adresse à des Juifs qui croient en Dieu).
Se convertir peut aussi signifier un changement de conduite:
j'étais pécheur mais je suis maintenant droit et correct.

Mais il me semble que Jésus nous invite surtout
à convertir, à changer notre regard sur Dieu:
ne plus voir Dieu comme le Juge de justice, mais comme le Père.
Dieu est le Père qui pardonne
sans mettre d'autre condition que l'accueil de son pardon.
Dieu est le Père qui donne gratuitement, sans calcul,
sans tenir compte de nos mérites.
Or cette conversion-là n'est pas si naturelle.
Je me souviendrai toujours de ce jeune, Bernard,
dont la personnalité était très attachante.
Il était un des fidèles du groupe des adolescents de la paroisse.
Brusquement, je ne l'ai plus vu.
Il revient pourtant, quelques mois après,
et je lui demande: «Bernard, que s'est-il passé?
– Je reviendrai vers Dieu lorsque j'en serai digne, me répond-il.
– Alors, Bernard, tu ne reviendras jamais!»
Car on n'est jamais digne de l'amour:
non seulement parce qu'il y a un écart sans mesure
entre l'amour de Dieu, infini et toujours fidèle,
et notre amour si limité, fait de tant de lâchetés et de retours;
mais aussi et d'abord parce que l'amour ne peut pas se mériter.
Vouloir mériter l'amour, c'est tuer, c'est nier l'amour.
Amour et mérite sont deux mots qui s'excluent.
Pour être vrai, l'amour doit toujours demeurer gratuit,
sans condition, libre, généreux.
Aimer quelqu'un parce qu'il est aimable,
ce n'est pas encore l'aimer vraiment.
Mais au contraire aimer quelqu'un en vérité,
c'est le rendre aimable, et l'aider à devenir aimant.

Tel est l'amour que Dieu porte à l'humain.
Tel est l'amour dont Jésus a vécu.
Tel est le visage de Dieu dont il s'est fait l'interprète:
«Qui me voit, voit le Père.» (Jn 14,9)

La conversion proposée par Jésus est celle-là:
mettre sa foi dans la bonté et dans sa puissance de vie divine.
Suivre Jésus, devenir son disciple, être chrétien
c'est croire que la bonté peut triompher,
malgré toutes les forces de mal qui nous sollicitent;
c'est croire que la bonté peut libérer l'être humain,
malgré tout ce qui l'enchaîne;
c'est espérer en la bonté pour apporter la paix au monde.

Madeleine Delbrêl disait de la bonté
«qu'elle est le b.a-ba de la charité»,
et que «là où il n'y a pas de bonté, il n'y a pas de charité[2]».
La charité est le nom de l'amour qui vient de Dieu.
La bonté, la charité doivent être le signe du disciple de Jésus.
Dans sa vie, le chrétien doit donner à la bonté
une place proportionnée à la place même de Dieu.

> Tu es chrétien par et pour la charité,
> par rien d'autre et pour rien d'autre.
> Si tu oublies la charité, tu te rends absurde
> et si tu la trahis, tu deviens monstrueux[3].

C'est pourquoi le chrétien qui oublie la bonté
est comme du sel qui ne serait plus salé;
il est un non-sens, un insensé:
«Si le sel devient fou... il n'est plus assez fort pour rien,
sinon à être jeté dehors.» (Mt 5,13)

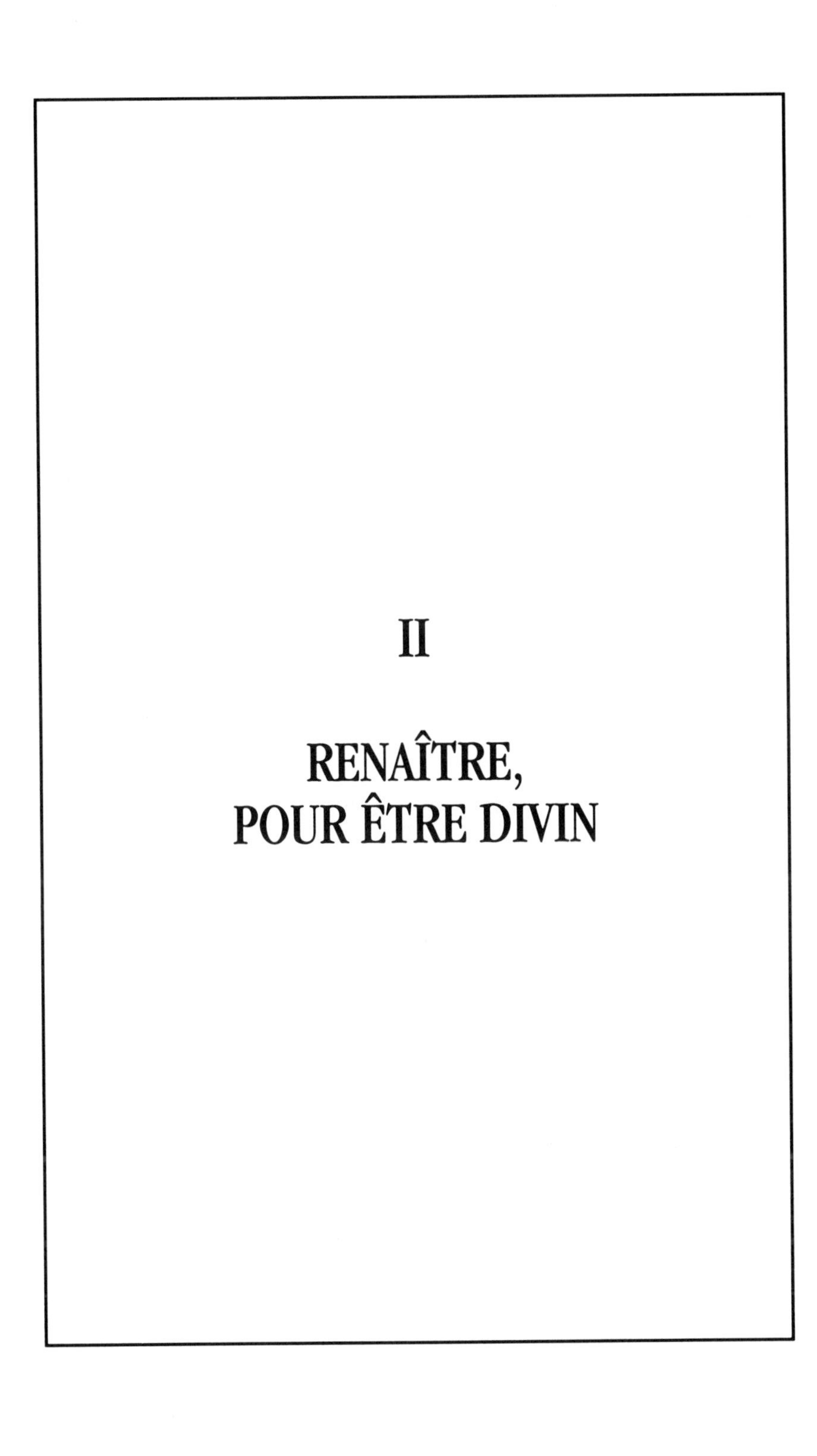

# II

# RENAÎTRE, POUR ÊTRE DIVIN

> N'est-il pas écrit dans votre Loi:
> «Vous êtes des dieux»? (Jn 10,34)

C'est la réponse de Jésus
à ceux qui lui reprochent de se dire dieu.
Jésus avait dit: «Moi et le Père, nous sommes Un.»
Les Juifs avaient ramassé des pierres pour le lapider:
«Nous te lapidons pour un blasphème,
parce que toi, un humain, tu te fais dieu.» (Jn 10,30-33)

Notre époque fait-elle écho à cette prétention de Jésus?

### L'être humain, parcelle de Dieu?

Notons ce que disent les adeptes du Nouvel Âge:
ces dernières années, en tous les points du globe,
les expériences spirituelles les plus diverses convergent:
un nombre croissant d'êtres humains sont marqués
par la prise de conscience de leur potentiel divin.
Pour beaucoup, cette conscience d'être divin va jusqu'à affirmer
que tout ce qui existe ne forme qu'Un.
Ainsi, pour B. Wœstelandt,
les distinctions entre les êtres ne sont qu'illusion:

> Que vous examiniez une montagne, une main,
> une fleur, un chien,
> quand vous arrivez au microscope le plus puissant
> vous constatez
> que tout cela n'est que particules nucléaires qui vibrent:
> des énergies permettent à ces particules
> de vibrer d'une certaine façon,
> et nous voilà avec l'illusion de voir devant nous
> une montagne [ou une fleur ou un chien...].

> Tout n'est donc qu'illusion, tout n'est qu'énergie,
> tout n'est que vibration, tout n'est que rythme[4].

Tout l'univers est une Unique Énergie. Tout est divin.
Cette parabole de la petite fille buvant son lait
est une bonne illustration de cette idée:

> Tout d'un coup, je vis qu'elle était Dieu
> et que le lait était Dieu.
> Ce qu'elle faisait était simplement de verser Dieu en Dieu[5].

Cette façon de penser est souvent exprimée par la formule:
«Nous sommes des parcelles de Dieu.»

Cependant, d'autres voix clament la mort de Dieu.
Comme celle de cette jeune fille de dix-sept ans
que Madeleine Delbrêl était lorsqu'elle écrivit ce texte:

> On a dit: «Dieu est mort.»
> Puisque c'est vrai, il faut avoir l'honnêteté
> de ne plus vivre comme s'il vivait.
> On a réglé la question pour lui: reste à la régler pour nous.
> Maintenant nous sommes fixés.
> Si nous ne savons pas la taille exacte de notre vie,
> nous savons qu'elle sera petite,
> qu'elle sera une toute petite vie.
> Pour les uns, le malheur tiendra toute la place.
> Pour les autres, le bonheur tiendra plus ou moins de place.
> Ce ne sera jamais un grand malheur ou un grand bonheur
> puisqu'il tiendra dans notre toute petite vie.
> Le malheur grand, indiscutable, raisonnable, c'est la mort[6].

Madeleine Delbrêl en appelle au réalisme
devant ce qui est pour elle une évidence: le néant de tout.

Elle constate le manque de bon sens général devant la mort:
les révolutionnaires veulent aménager un monde
dans lequel nous ne sommes que de passage;
les savants croient toujours tuer la mort
et ne tuent que ces façons de mourir que sont les maladies;
les amoureux sont radicalement illogiques
avec leur «je t'aime pour toujours»,
alors que la mort les rendra infidèles par force.
Et elle conclut:

> On est tous tout près du seul vrai malheur.
> Est-ce que, oui ou non, on aura le cran de se le dire?
> Le dire? Mais avec quoi?
> Même les mots, Dieu les a esquintés:
> peut-on dire à un mourant sans manquer de tact:
> «Bonjour» ou «Bonsoir»?
> Alors on lui dit: «Au revoir» ou «Adieu»...
> tant qu'on n'aura pas appris comment dire:
> «À nulle part», «À rien du tout»[6].

Alors... parcelles de Dieu? ou êtres voués au néant?
Dieu est-il si évident? Dieu est-il l'objet de notre expérience?
Ceux qui ne croient pas en Lui sont-ils des gens
qui refusent de voir?
Si Dieu existe, est-il possible à l'humain de connaître Dieu?
Dieu n'est-il pas tellement autre, tellement différent,
tellement en dehors de nous?
Et si Dieu peut être connu,
est-ce suffisant pour que l'humain puisse être divin?
Renaître pour être divin:
qu'est-ce que cela recouvre comme expérience?

Est-ce autre chose qu'une belle phrase? une illusion?
ou bien une réelle possibilité?
Qu'en dit Jésus?

## Renaître, c'est devenir fils de Dieu

Jésus a eu l'audace de dire: «Le Père et moi, nous sommes Un.»
Cependant il nomme Dieu «Père»,
et il ne dit pas: «Dieu et moi, ce n'est qu'une seule réalité.»
Il parle du Père et, pour dire son lien avec Dieu,
il choisit l'image de la relation entre un père et son fils:

> Personne ne connaît le fils sinon le père
> et personne ne connaît le père sinon le fils. (Mt 11,27)

Ce proverbe exprime bien la pensée biblique
sur la façon de concevoir la paternité.

### *Être père, être mère*

Pour le peuple de la Bible, qu'est-ce qu'être père? être mère?
Ce n'est pas seulement mettre au monde physiquement.
C'est, d'abord et surtout, mettre au monde spirituellement:
C'est aimer celui qu'on a engendré, lui apprendre à parler,
l'éduquer, le diriger dans le chemin de la vie,
lui transmettre des valeurs, une sagesse.
Or, pour un Juif, la Sagesse de la vie se trouve dans la *Tora*.
On traduit souvent *Tora* par Loi.
Mais ce mot ne désigne pas d'abord un code de lois juridiques.
La *Tora* est la Règle de vie qui est donnée par Dieu à Moïse.
Elle est l'enseignement de Dieu, son Instruction, sa Directive,
pour diriger son peuple dans le *droit* chemin de la sagesse.
Elle transmet une information qui peut façonner notre esprit.

Si engendrer quelqu'un,
c'est lui transmettre une sagesse et un esprit,
et si la vraie sagesse vient de Dieu,
alors être père, être mère,
c'est transmettre à son enfant la sagesse de Dieu,
et lui permettre de devenir fils, fille de Dieu.
Éduquer, ce sera diriger et conduire l'enfant vers Dieu
afin que Dieu devienne son véritable, son vrai père.
C'est la tâche du père d'enseigner cette sagesse de la *Tora*.
La mère se fait répétitrice quand l'enfant l'apprend par cœur:
elle chante la *Tora* avec l'enfant, tout en se berçant.

Douze-treize ans est l'âge de la majorité religieuse du Juif.
L'enfant devient adulte lors d'une cérémonie religieuse
qui est appelée la *bar mitsva*.
Lors de la célébration à la synagogue,
pour la première fois, le garçon lira un passage des Prophètes.
Le père de l'enfant priera ainsi à haute voix:
«Béni soit Dieu
qui, aujourd'hui, m'a relevé de la responsabilité de ce garçon.»
À partir de ce jour, ce n'est plus la responsabilité du père
de transmettre la sagesse de la *Tora* à son fils.
Le jeune devient *bar mitsva*, c'est-à-dire fils de la Règle.
Désormais, c'est directement auprès de Dieu-Père
que le jeune puisera l'enseignement.
Cela explique peut-être ce que Jésus dit à ses parents
quand ils le cherchent et le retrouvent dans le Temple,
assis aux pieds des maîtres de la *Tora*:
«Ne savez-vous pas
que je dois maintenant être aux choses de mon Père?» (Lc 2,49)
De son père humain, enseignant au nom de Dieu,

le fils de la Règle passe au vrai Enseignant, au seul Père: Dieu.
«N'appelez personne: Père, sur la terre.
Vous n'avez qu'un père: Dieu.» (Mt 23,9)

*Dieu-Père, Dieu-Roi*

En assimilant la pensée de Dieu, en la vivant chaque jour,
l'être humain devient fils de Dieu.
Il le devient...
Il ne l'est pas: ni par sa naissance, ni par sa seule circoncision.
Il ne suffit pas de naître humain pour être fils de Dieu.
On naît comme créature humaine, on devient fils divin.
On le deviendra en disant Oui à cette filiation divine.
On le deviendra par une re-naissance
et cette nouvelle naissance sera l'œuvre de toute la vie.
C'est une re-naissance.
Mais elle ne consiste pas à revivre la première naissance.
La première était une naissance charnelle, humaine,
mais la seconde sera spirituelle, divine.
Chaque fois, on ne naît pas par soi-même:
ni pour la première naissance, ni pour la re-naissance.
Pour renaître comme pour naître, il faut des engendreurs.
L'engendreur de cette deuxième naissance,
c'est Dieu lui-même, par son Esprit.

> Amen, amen! je te dis:
> si quelqu'un n'est pas engendré d'en haut, de l'esprit divin,
> il ne peut pas voir le Règne de Dieu. (Jn 3,3)

Que signifie «voir le Règne de Dieu»?
Jésus parle aussi d'entrer dans le Règne de Dieu,
de le chercher, de le recevoir.
Qu'est-ce que le mot «règne» évoque pour nous aujourd'hui?

L'image de la royauté est une image de puissance, de richesse,
de tradition peu démocratique.
Pour un contemporain de Jésus, le mot a une autre résonance.
Dans la langue araméenne parlée par Jésus,
le mot ***malkouta*** peut dire aussi bien «règne» que «règle»[7].
En français, les deux mots ont aussi la même racine: ***rek***.
La racine ***rek*** évoque l'image de ce qui est droit.
Une règle (un règlement), c'est un texte qui dit ce qu'il faut faire
pour vivre droitement: c'est la Règle de vie.
Le règne, c'est le droit du roi (et son devoir)
de faire appliquer la Règle de vie du royaume.
La *Tora*, c'est la Règle de vie, le Directoire, le Droit
qui énonce les directives de Dieu, le Roi d'Israël.
Tous ces mots (direction, directoire, directives, droit, roi)
ont la racine ***rek***: droit.
Ainsi, accueillir la Règle de Dieu dans sa vie,
c'est faire régner sur sa vie l'auteur de la Règle: Dieu.
Or nous avons vu qu'accueillir la Règle de vie de Dieu,
c'est accueillir Dieu comme père et devenir son fils.
Donc laisser Dieu régner dans notre vie et devenir son fils,
c'est une même réalité.
Dieu est notre Roi quand il devient notre Père.
Plusieurs prières juives commencent par ces mots:
«Notre Père et notre Roi.»
Dieu ne peut pas régner dans notre vie
si nous ne nous laissons pas engendrer par la Règle divine,
si nous n'accueillons pas l'Esprit de Dieu
pour vivre et agir selon l'esprit de sa Règle.
Il y a donc un lien étroit entre le Règne de Dieu et sa paternité.
Dire à Dieu: que ton Règne vienne dans ma vie,

c'est lui dire: fais-moi vivre selon ta volonté, ta Règle de vie,
et c'est aussi lui dire: fais-moi devenir ton fils.

## Devenir fils de Dieu dans la liberté

Fais-moi vivre selon ta Règle de vie!
Que de fois Jésus a dit sa communion avec ce que Dieu veut!

> Ma nourriture, c'est de faire la volonté de mon Père. (Jn 4,34)
> Le Père m'a prescrit ce que je dois dire. (Jn 12,49)
> Pour que le monde sache que j'aime mon Père,
> je fais ce que le Père me prescrit. (Jn 14,31)
> Que ta volonté soit faite et non la mienne. (Lc 22,42)

Comment ces phrases résonnent-elles en nous?
Notre époque parle plutôt d'autonomie.
Faire la volonté de Dieu, n'est-ce pas devenir dépendant,
totalement soumis à Dieu, et perdre notre liberté?

### *Jésus, un homme libre*

Cette intense communion entre Jésus et Dieu qu'il appelle Père
semble bien associée à une grande liberté.
Pour Jésus, aucune tradition ne semble tellement sacrée
qu'on ne puisse pas la remettre en cause:
«On vous a dit, moi je vous dis.»
Aucune personne ne semble l'impressionner
au point qu'il ne puisse dire ce qu'il pense devant elle.
Aucune autorité (celle des prêtres ou du gouverneur romain)
ne vient l'empêcher d'agir comme il le veut.
Même si son attitude doit lui coûter la vie.
Il faut que Jésus ait donné l'impression
d'un homme très libre par rapport à la *Tora*

pour qu'on ait pu l'accuser de vouloir abolir la *Tora* de Dieu:
«Ne pensez pas que je suis venu abolir la *Tora*.» (Mt 5,17)
Jésus ne se soumet qu'à l'autorité du Père qui est la seule vérité.
Il répondra à Pilate: «C'est pour cela que j'ai été engendré:
pour témoigner de la vérité.» (Jn 18,37)
C'est bien ainsi que ses contemporains l'ont perçu:

> Maître! nous savons que tu es vrai.
> Tu ne te laisses influencer par personne
> car tu ne tiens pas compte de la condition des gens
> mais tu enseignes selon la vérité le chemin de Dieu.
> (Mc 12,14)

Comment pouvoir concilier la liberté de l'être humain
avec cette communion à la volonté de Dieu?
À l'imitation de Jésus, comment peut-on être libre
et rempli de la volonté de Dieu?
Comment peut-on vivre en fils du Père divin
et être pleinement humain?

### *Choisir d'être fils de Dieu*

Sommes-nous libres d'être fils de Dieu?
Certes, Dieu se veut notre Père... et cela ne dépend pas de nous.
Être père dépend seulement de Lui et de sa décision d'amour.
Mais Dieu ne peut pas faire de nous ses fils
sans que nous le voulions librement.
Pour le comprendre, regardons la paternité dans notre vie.
Quand sommes-nous le fils, la fille de nos parents?
Depuis la conception? depuis la naissance?
Mais n'est-ce pas trop vite dire et trop peu dire?
À ces étapes de notre vie,
quelle conscience avons-nous d'être fils, d'être fille?

Notre mémoire n'en a guère gardé de trace.
Alors, faut-il attendre le moment où, pour la première fois,
les parents croiront entendre: papa, maman?
Faudra-t-il encore patienter
pour que l'idée du père, de la mère se forme dans le cerveau?

Dès la conception, on est mis au monde par nos parents:
il y a, de fait, des liens de dépendance vitale.
Mais alors un long processus commence
qui va transformer les géniteurs en père et mère
et l'engendré en fils ou en fille.
C'est un long processus de relations faites d'amour,
de transmission de valeurs, d'apprentissage de la vie,
entre cet embryon humain et ceux qui lui ont permis d'exister.
Ne faudra-t-il pas d'ailleurs
que la crise de l'adolescence vienne confirmer ce processus?
Alors, l'adolescent coupe ce qui reste du cordon ombilical
afin de devenir — consciemment — distinct de ses parents.
Ainsi il devient capable de dire: «Je».
Pour qu'il y ait une relation d'amour,
il faut qu'il y ait deux êtres distincts: un «Je» et un «Tu».
L'enfant est un être différent, distinct de ceux qui l'ont engendré
malgré toutes les ressemblances.
Il n'est pas très juste de dire:
«Mon enfant n'est qu'une parcelle de moi-même.»
Aimer ce qui ne serait qu'une parcelle de soi,
ce serait un peu s'aimer soi-même.
C'est ce que nous vivons dans des amours trop possessifs.
Les parents ne doivent-ils pas reconnaître leur enfant
comme un être ayant sa propre liberté?
La liberté fait de nous une personne, c'est-à-dire un être unique.

Et aimer son enfant,
ce sera précisément l'aider à devenir un être unique.
Alors, lorsqu'il a pris pleinement conscience d'être distinct,
l'enfant peut choisir d'être le fils, la fille
de ceux qui l'ont engendré:
«Je te choisis comme père, je te veux comme mère.»
Devenir fils, fille de ses parents, c'est donc une aventure
qui commence à la conception
et ne se terminera qu'à la mort... Et encore?
Un ami me disait lors de l'enterrement de sa mère:
«Jusqu'à maintenant, maman était à la maison,
toujours disponible quand on voulait la voir.
Maintenant, elle sera partout avec moi.»
Ainsi, dès la conception,
nos parents se veulent et sont nos parents
mais ils devront attendre notre libre «Oui»,
pour que nous devenions leurs enfants.

Il me semble qu'il en est ainsi avec Dieu.
Dieu se veut et Il est notre Père depuis notre conception,
mais Il doit attendre (si l'on peut dire) notre libre Oui
pour que nous devenions ses fils, ses filles.
Il dépend de mon Oui que se tisse, entre Dieu et moi,
une relation où je deviens fils, fille.
Il faut que je permette à Dieu d'exister pour moi comme un père.
C'est la grandeur de Dieu que de respecter à ce point sa créature
qu'elle puisse se refuser à son amour et à sa paternité.
La liberté de l'être humain est donc nécessaire
pour que des liens d'amour puissent se tisser entre Dieu et lui.
Cela suppose que l'être humain soit distinct de Dieu.

Si Dieu et l'humain n'étaient qu'une même réalité,
est-ce que l'on pourrait dire à Dieu:
«Je Te choisis comme mon Dieu et mon Père»?
Si Dieu est la somme de toute l'Énergie d'amour de l'univers,
comme une force sans nom et sans visage,
est-ce qu'on peut encore parler d'amour de Dieu?
Être aimé, c'est être aimé de ***Quelqu'un***
auquel on peut dire: «Je t'accueille.»
C'est Dieu qui nous unit à Lui et qui vient vers nous le premier.
Dans le film *Jésus de Montréal*, il y a ce dialogue
entre le héros (un jeune homme plein d'idéal)
et une femme (pleine de sagesse):

> «Vous cherchez Dieu, lui dit-elle?
> — Oui.
> — Alors, c'est Dieu qui va vous trouver.»

Comment pourrions-nous connaître Dieu
si Lui-même ne se faisait pas connaître?

### Être libre, c'est accueillir et respecter l'autre

Pourquoi donner ainsi la priorité à Dieu?
D'abord, parce que Dieu est au-delà
de tout ce que nous pouvons concevoir, imaginer.
Dieu n'est pas au bout de notre réflexion:
il est incréé, éternel, infini, parfait,
et nous sommes créés, mortels, limités et imparfaits.
Mais aussi parce que Dieu est mystère, comme toute personne.
Pour l'être humain, Dieu est et sera toujours un mystère
qu'il ne pourra jamais pénétrer totalement.
Non pas parce que la science ne serait pas encore capable
de connaître Dieu.

Mais parce que la connaissance d'une personne
est d'un autre ordre que scientifique.
Elle ne se fait pas au microscope, même électronique
et serait-il le plus puissant!
Connaître est du domaine de la relation et de l'amour:
c'est-à-dire du domaine de la liberté et du mystère.
Entre humains, on ne peut connaître l'autre
que si on l'accueille avec un grand respect.
Le respect de la volonté de l'autre est la marque de l'amour.
Je veux m'unir à toi, collaborer avec toi
pour que nous grandissions l'un et l'autre.
C'est pourquoi je dois te respecter dans ta pensée,
je veux te respecter dans ta volonté.
Celui qui n'est pas prêt
à aborder la pensée de l'autre avec un grand respect,
celui-là ne se respecte pas lui-même.
Il se prive de marcher vers la vérité qui rend libre,
car il se ferme à cet aspect de la vérité que l'autre vit,
et qui pourrait être une lumière nouvelle pour sa vie.

Pour pénétrer un peu dans la connaissance de Dieu,
il faut l'accueillir, le laisser se découvrir à nous.
Le Dieu que nous croirions découvrir par nous-mêmes
ne serait en fait qu'une création de notre esprit.
Nous créons trop souvent Dieu à notre image,
et ce n'est alors qu'une caricature de Dieu, une idole.
Dieu ne peut être que deviné, attendu.
Nous devons respecter la liberté de Dieu de se faire connaître,
laisser Dieu se révéler, comme Il le veut, quand Il le veut,
sans fixer nous-mêmes le moment et la manière.

Cela demande une grande disponibilité intérieure
pour nous laisser surprendre par Dieu.
Notre prière ne doit jamais
prétendre dicter à Dieu sa conduite à notre égard.
La prière dit: «Père, si Tu le veux...»
Faire la volonté de Dieu, c'est d'abord respecter sa volonté:
c'est laisser son Esprit parler à notre esprit,
c'est laisser sa Parole libre de se proposer à nous.
Il faut sans cesse veiller à la tentation de faire parler Dieu
comme nous voudrions l'entendre nous parler.
Avoir de longs moments de silence en présence de l'Invisible
est la condition nécessaire
pour faire taire, en soi, les voix que nous prêtons à Dieu.
Ces voix ne sont souvent que celles de notre imagination,
de nos propres désirs.
Jésus passait très fréquemment de longues heures en prière.
Le secret de sa communion parfaite avec la pensée de Dieu
et de sa grande liberté,
se trouve très probablement dans ces longs temps de silence:
moments d'attente et d'écoute,
où la volonté de puissance se purifie
pour apprendre à respecter le désir de Celui que l'on aime.

### *Dieu, le seul Père*

Liberté de l'humain qui peut choisir d'être fils de Dieu,
liberté vis à vis de Dieu qu'on accueille en Le respectant...
Pour l'être humain, la relation de communion avec Dieu
est la seule relation qui peut être vraiment libre:
parce que Dieu est l'Amour parfait.
Aimer quelqu'un, c'est vouloir son bien.

Or le bien de l'être humain passe par sa liberté.
Tout amour humain est plus ou moins pur.
Notre amour pour le prochain est presque toujours entaché
d'une certaine volonté de posséder l'autre,
de le vouloir comme on l'imagine,
de chercher à le rendre semblable à soi.
Seul l'amour divin est pur,
sans aucun désir de posséder et de soumettre l'autre à sa volonté.
La volonté de Dieu sur chacun de ses fils n'est rien d'autre
que de l'aider à devenir plus libre.
Communier à la volonté de Dieu, c'est communier à son désir
que nous soyons de plus en plus des êtres libres:
libérés de toutes servitudes et de toutes craintes,
maîtres de nos choix.
N'est-ce pas pour cela que Jésus nous dit
que nous ne devons avoir qu'un père et qu'un maître: Dieu?
En nous laissant engendrer, façonner
par la pensée d'un maître, d'un père terrestres,
nous courons le risque de perdre notre liberté face à ce maître.
En faisant d'un humain le guide absolu de notre vie,
nous succombons à la tentation de devenir dépendants.
Une tentation qui est toujours en attente au cœur de notre vie.
Il nous faut même veiller à ne pas devenir l'esclave de Dieu:
suivre aveuglément un Dieu qui déciderait tout pour nous,
ce serait suivre une idole et en devenir l'esclave.
Un certain «Dieu-providence» peut être une caricature de Dieu:
un Dieu qui jouerait le rôle d'une assurance tous risques
et qui maintiendrait ses fils dans un état infantile.
Le Dieu de Jésus ne peut vouloir ses fils et ses filles
maintenus dans la peur, fût-elle sacrée!

Dieu ne nous veut pas les serviles exécutants
de choix décidés par une autorité divine... inaccessible!
Communier avec Dieu,
c'est toujours voir Dieu nous associer à son œuvre,
et nous donner toute notre place dans cette collaboration.

Comment concilier coopération avec Dieu et liberté?
Je puise un exemple dans la mise au monde d'un être humain.
Pour que naisse un enfant,
il faut qu'un homme et une femme conjuguent leur action.
Si cette co-création se vit dans l'amour et le respect mutuels,
l'un et l'autre coopèrent avec toute leur liberté.
Ni l'un ni l'autre n'ont l'impression de vivre
une dépendance de l'un par rapport à l'autre.
Ils vont vivre au contraire une communion d'interdépendance
où chacun voudra que l'autre soit vraiment lui-même.
Cette communion d'amour dans la mise au monde d'un enfant
est une image de notre communion avec Dieu:
image bien sûr lointaine, mais qui peut être suggestive.
Notre coopération avec Dieu ne peut pas être vécue
comme une soumission servile de la créature envers le Créateur.
Elle est au contraire ce qui permet de grandir dans la liberté
parce qu'elle est une coopération d'amour.
Comme Péguy a écrit dans *Le mystère des saints innocents*:
«À tous les prosternements du monde,
[Dieu préfère] être aimé par des hommes libres.»
Un proverbe arabe dit:
«Quand ton fils devient adulte, fais-en ton frère.»
N'est-ce pas ce qui se réalise
dans la communion qui unit Jésus et son Père divin?
N'est-ce pas ce qui doit se réaliser pour chaque fils de Dieu?

Communier à Dieu, dans le respect mutuel des volontés,
voilà la naissance divine à laquelle l'être humain est appelé.
Jésus a vécu cela avec une intensité hors du commun.
Il est, pour ses disciples, le chemin qui mène à Dieu,
le chemin qui conduit à découvrir ce qu'est la volonté de Dieu.

## La volonté de Dieu

Découvrir et faire la volonté de Dieu:
qu'est-ce que cela signifie?
Il est fréquent d'entendre des chrétiens dire:
«S'il m'arrive une chose imprévue,
je dois y voir la volonté de Dieu.»
Il s'agit alors, le plus souvent, d'un événement malheureux.
Ou encore: «Moi, je ne fais pas de projet,
car j'attends que Dieu me fasse connaître sa volonté.»
Faut-il penser que Dieu veut décider des moindres de nos gestes,
qu'Il a des solutions toutes prêtes pour chacun de nos problèmes?
Chercher la volonté de Dieu
n'est-ce pas plutôt inventer et découvrir avec Lui
les choix à faire, les projets à mettre en œuvre?
Chercher la volonté de Dieu,
n'est-ce pas nous laisser éclairer par sa lumière
pour aborder toutes les choses de la vie selon son esprit?
La volonté de Dieu est que nous vivions notre vie
avec une certaine qualité d'amour, une certaine droiture de cœur
qui nous fera fils de Dieu ressemblant au Père.

> Si votre justice ne surpasse pas celle des pharisiens,
> vous n'entrerez pas dans le Règne de Dieu. (Mt 5,20)

Traduisons:

Si votre droiture de cœur ne va pas plus loin
que celle des pharisiens (qui sont des justes),
vous ne deviendrez pas fils de Dieu,
vous n'entrerez pas dans la paternité de Dieu.

Quelle est cette droiture de cœur qui va plus loin que la justice?
Quelle est donc cette façon de vivre
qui nous met en harmonie avec le Père?
en accord avec sa volonté?
qui nous fait agir avec le même esprit que Lui?

### *Ne jamais vouloir mériter l'amour*

Dans l'évangile de Matthieu, le Discours sur la montagne
contient l'enseignement de Jésus sur la droiture de cœur
qui nous fait re-naître comme fils, fille de Dieu.
Cette droiture est marquée par la gratuité:
«Gardez-vous de ne pratiquer la droiture
que pour vous faire remarquer des autres.» (Mt 6,1)
Et Jésus explicite ce que son disciple doit vivre:
pour prier, ne va pas sur les places publiques,
mais tiens-toi dans ta chambre;
pour jeûner, ne te donne pas un air ravagé, mais parfume-toi;
ne claironne pas à tout venant que tu partages avec qui a besoin,
mais que ta main gauche ignore ce que ta main droite donne.
En parlant ainsi, Jésus va à l'encontre
d'une façon de penser la juste droiture.
En effet, pour une certaine tradition juive,
représentée surtout par des scribes et des Pharisiens,
on acquiert un mérite
quand on accomplit un commandement de la Règle.
Ce mérite nous donne un droit à la récompense de Dieu.

Ne pas accomplir un commandement entraîne un démérite,
qui amène un châtiment correspondant.
La balance de nos mérites et de nos démérites
fonctionne rigoureusement auprès de Dieu.
Cette façon de voir la justice, la droiture du cœur,
inculque un esprit de calcul et de capitalisation.
Elle est tout le contraire de cet esprit de gratuité
qui est celui du Dieu prodigue de Jésus.
Ne vis pas la prière, le jeûne et l'aumône
*pour* que les autres remarquent combien tu es méritant.
La vraie droiture ne se préoccupe pas des mérites.
Elle laisse Dieu nous récompenser quand Il le veut
et comme Il le veut.
Elle laisse à Dieu le soin de nous donner ce qu'Il veut donner.
Dieu récompense généreusement et à sa manière.
Il ne tient pas un compte méticuleux et équitable
de nos bonnes actions!
Dieu tient compte de nos besoins,
qu'Il connaît d'ailleurs mieux que nous ne les connaissons.
Il n'est pas équitable mais généreux.

> Votre Père sait ce dont vous avez besoin.
> Cherchez d'abord le Règne de Dieu et sa justice
> et tout cela vous sera ajouté. (Mt 6,32-33)

Ou, autrement dit:

> Cherchez à vivre d'abord la droiture des fils du Dieu bon
> et tout ce dont vous avez besoin vous sera donné
> généreusement, gratuitement.

Jésus bouleverse la façon
dont beaucoup de ses coreligionnaires concevaient la droiture.

C'est la leçon de la parabole des ouvriers de la Onzième heure,
une parabole souvent scandaleuse à nos yeux.
Rappelons brièvement cette histoire:

> Le patron d'un domaine sort au petit jour
> pour engager des ouvriers pour sa vigne.
> Il se met d'accord avec eux sur le salaire:
> un denier pour la journée.
> Il sort sur la place vers neuf heures
> et voit d'autres hommes sans travail.
> «Allez travailler dans ma vigne
> et je vous donnerai le juste salaire.»
> Il sort encore vers midi et vers trois heures et il fait de même.
> Sortant vers cinq heures, il en trouve encore là, inoccupés.
> «Pourquoi êtes-vous restés sans rien faire tout le jour?
> – Personne ne nous a engagés, lui disent-ils.
> – Allez, vous aussi, à ma vigne!»
> Le soir venu, le patron de la vigne dit à son intendant:
> «Appelle les ouvriers et distribue le salaire
> en commençant par les derniers engagés
> pour finir par les premiers.»
> Ceux qui n'ont commencé le travail qu'à cinq heures
> s'avancent et reçoivent chacun un denier.
> Quand vient le tour des premiers,
> ils pensent recevoir davantage,
> mais ils reçoivent eux aussi un denier.
> Ils murmurent contre le patron:
> «Ceux-là que tu as embauchés les derniers,
> ils n'ont travaillé qu'une heure
> et tu leur donnes autant qu'à nous
> qui avons enduré le poids du jour et de la chaleur.»

Mais le patron répond à l'un d'entre eux:
«Mon ami, je ne te fais aucun tort.
Tu t'es accordé avec moi pour un denier pour la journée.
Je veux donner à ce dernier comme à toi...
Ton œil est-il mauvais parce que je suis bon?» (Mt 20,1-16)

Dans certains ports, il n'y a pas encore longtemps,
l'embauche des dockers ressemblait à celle de ces vignerons.
Chaque matin, les hommes se rassemblaient sur les quais
et les patrons des bateaux engageaient la main-d'œuvre
dont ils avaient besoin.
Ils commençaient par prendre les plus forts:
ceux qui tiendraient sous le poids du jour et de la chaleur.
Les plus petits, les plus chétifs, étaient appelés les derniers,
si on avait besoin d'eux.
Si ces derniers embauchés ne travaillaient que quelques heures,
la paie de la journée n'était pas très forte.
À moins que le patron ne se mette à faire comme Dieu:
donner à chacun le salaire d'une journée complète de travail.
Mais de quel œil ce geste serait-il vu?
Comment serait-il compris?
Le syndicaliste trouverait probablement cela injuste
et il revendiquerait plus d'argent pour les premiers engagés.
Le patron concurrent trouverait le geste de son collègue déloyal
et il crierait qu'on l'accule à la faillite.
Par contre, le père de famille serait soulagé:
car ses enfants mangeront à leur faim,
qu'il ait eu la chance de travailler huit heures ou... une heure.
«De chacun selon ses capacités, à chacun selon ses besoins»:
ce slogan très socialiste (sans doute jamais appliqué!)
ne traduit-il pas la justice de Dieu?

Prenons un exemple plus familial.
Je connais une maman qui a eu deux filles,
dont la deuxième, Andrée, fut handicapée.
À l'âge de l'école, elle dut s'en séparer durant la semaine
afin de la placer dans un foyer spécialisé.
Les fins de semaine, sa fille Andrée revenait à la maison,
et la maman avait plus particulièrement soin d'elle.
Un jour, la fille aînée lui reprocha cette attention:
«Tu aimes ma sœur plus que moi!»
Et la maman de tenter d'expliquer:
«Je vous aime toutes les deux autant.
Mais Andrée est privée de l'amour de la famille
pendant la semaine.
Aussi, samedi et dimanche, il nous faut donner à Andrée
autant d'amour que tu en reçois pendant les sept jours.»

Le bon patron et la maman agissent à la manière de Dieu:
Dieu-Père qui ne calcule pas son amour selon nos mérites;
Dieu-Père qui donne à chacun selon ses besoins.

> Regardez les lis des champs: ils ne peinent ni ne filent
> et je vous le dis: le Roi Salomon n'a jamais été vêtu
> comme l'un d'eux dans toute sa gloire. (Mt 6,28-29)
> Donnez, et Dieu vous donnera,
> une belle mesure, tassée, secouée, superdébordante. (Lc 6,38)

Toute la création montre cette libéralité généreuse de Dieu.
Dieu donne sans compter, sans mesurer.

### *Aimer sans rien exiger en retour*

De la même façon que Dieu aime
sans calculer si nous avons mérité son amour,

ainsi nous devons aimer à notre tour
sans calculer ce que nous recevrons en retour.
Si vous voulez naître à la vie divine, nous dit Jésus,
vous devez agir avec la même générosité que Dieu:

> Tout ce que vous voulez que les autres fassent pour vous,
> faites-le pour eux.
> Voilà toute la Règle de Dieu. (Lc 6,31)
>
> Si vous aimez ceux qui vous aiment...
> même les pécheurs aiment ceux qui les aiment.
> Si vous prêtez à ceux dont vous espérez recevoir...
> même des pécheurs prêtent à des pécheurs
> pour recevoir en retour l'équivalent....
> Prêtez sans rien espérer en retour....
> et vous serez les fils du Très Haut,
> Lui qui est bienfaisant pour les ingrats et les mauvais.
> (Lc 6,32-35)

Toutes nos relations humaines doivent être marquées
par cette générosité gratuite.
Mais quelle gratuité y a-t-il quand on peut espérer un retour?
quand on sait qu'il y aura une réciprocité?
La justice d'équité nous fait aimer nos proches,
et nous rend solidaires de ceux de notre clan:
c'est la solidarité que nous vivons le plus souvent
au niveau des syndicats, des associations, des peuples...
On est d'ailleurs solidaire
plus souvent pour se défendre contre les autres
que pour s'unir à d'autres en vue du bien commun.
Jésus appelle à une solidarité sans frontières
et sans conditions de réciprocité.

Il invite même à dépasser les solidarités familiales
lorsque celles-ci voudraient nous fermer
à une fraternité universelle qui n'exclut personne:

> Si quelqu'un vient à moi et fait passer avant tout
> son père, sa mère, sa femme et ses enfants, ses frères et sœurs,
> [...] il ne peut être mon disciple. (Lc 14,26)

Le test de cette solidarité véritable avec tous,
c'est que nous soyons prêts à la vivre
avec ceux qui ne peuvent rien nous rendre
et même avec ceux qui ne nous aiment pas.

*Aimer jusqu'au pardon*

> On vous a dit: tu aimeras ton prochain, celui de ton clan...
> moi, je vous dis: aimez vos ennemis...
> et cela afin de devenir les fils de votre Père. (Mt 5,44-45)

On vous a dit, c'est-à-dire Moïse a dit.
Jésus explique que c'est à cause de la dureté des cœurs
que Moïse a demandé de pratiquer une justice équitable:
si quelqu'un te doit quelque chose, il devra te rembourser;
s'il te crève un œil, il devra avoir un œil crevé.
C'est là une pratique équitable que nous appelons justice
et elle est déjà un grand progrès par rapport à la vengeance
qui fait payer dix fois ou vingt fois plus:
«Tu as tué un membre de mon clan, j'en tuerai dix chez toi.»
Une telle vengeance existe encore de nos jours, hélas!
Dans les États de droit, généralement notre Justice, notre Droit
s'inspire de l'équité d'équivalence:
pour un vol, il y a telle peine,
et pour un meurtre, telle autre peine proportionnée.

Jésus oppose la droiture de justice des Pharisiens,
combien noble d'ailleurs,
à la droiture de grâce et de pardon.
Moïse a dit: il faut être juste; moi je vous dis: il faut être bon.
Et il demande de vivre cette bonté jusqu'au pardon.

> On vous a dit: œil pour œil, dent pour dent....
> moi, je vous dis de ne pas résister au mauvais... (Mt 5,38-39)

Aimer l'ennemi jusqu'à lui pardonner, non pas par faiblesse
mais dans l'espérance de vaincre le mal qui est en lui.
Car le pardon n'est pas l'oubli de la faute,
ou seulement la remise de la peine.
Par-donner, c'est donner de l'amour
par delà toutes les barrières et tous les obstacles
pour réunir ceux qui sont divisés:
il faut par-donner de l'amour pour re-donner la vie.

> Si tu te souviens que ton frère a quelque chose contre toi,
> va vers lui pour te réconcilier. (Mt 5,23-24)

Je citerais un petit fait qui traduit bien ce pardon chrétien.
Il s'agit de Mireille.
Elle n'avait même pas eu la chance d'apprendre à lire.
Sa vie avait été rude et marquée d'épreuves très douloureuses.
Pourtant, à travers une vie où elle avait dû combattre et lutter,
elle avait l'âme d'une grande dame, pleine de délicatesse.
Un jour, elle fit à une de ses amies cette confidence:
«Je voudrais te demander pardon.
Car, dans telle circonstance, j'ai *pensé* du mal de toi...»
La circonstance datait de plusieurs années.
Quelle grandeur d'âme que celle de demander pardon
pour une pensée que l'on n'a jamais communiquée à personne,

une pensée qui était restée dans le secret de la conscience!
Suivre Jésus, imiter son exemple, c'est savoir donner le pardon
avant même que la demande en soit faite.
C'est ce qu'il a fait avec Pierre et avec Judas
auxquels il a lavé les pieds et partagé son pain
tout en sachant qu'ils allaient le renier et le trahir.
Pour Jésus, la sainteté est du côté de la grâce et du pardon.
Là où le Pharisien voit un péché, Jésus voit une souffrance.
Pour lui, Dieu ne s'intéresse pas à notre péché.
Mais, avec toute la passion de son amour pour nous,
Dieu veut nous communiquer sa vie.

D'aucuns pourront dire
que suivre Jésus dans cette voie du pardon,
c'est saper les fondements de la justice et donc de la vie sociale.
Il est trop facile de faire le mal si on sait qu'on sera pardonné,
et pardonné avant même de devoir réparer le mal que l'on fait.
La crainte du gendarme n'est-elle pas le début de la sagesse?

Pourtant prêcher ainsi le pardon,
ce n'est pas aller dans le sens d'une plus grande facilité.
Ni pour celui qui doit pardonner ni pour celui qui est pardonné.
Pardonner n'est jamais facile
et pardonner à ses ennemis relève souvent de l'héroïsme.
Mais, dans la pratique de Jésus,
*accepter* le pardon n'est pas plus facile.
Car on ne peut réellement accepter le pardon
que si on s'engage à pardonner à son tour.
Jésus illustre sa façon de comprendre le pardon
par la parabole de l'homme endetté et sans miséricorde.
Je résume cette parabole (voir Mt 18,23-35):

Un roi règle ses comptes avec ceux qui lui doivent de l'argent.
Par miséricorde, il remet toute sa dette à l'un des serviteurs
qui lui doit une très forte somme.
Mais, par la suite, celui-ci traîne en justice un autre serviteur:
un de ses collègues qui lui doit une somme très modeste.
Le Roi alors revient sur cet acquittement:
il devra rendre tout ce qu'il doit.
«Ne devais-tu pas avoir, toi aussi, un cœur miséricordieux?»
Et Jésus conclut en disant: «Vous ne pouvez pas être gracié,
si chacun ne gracie pas son frère de tout son cœur.»

Gracier!
Nous retrouvons toujours l'An de grâce, le temps de la grâce.
Celui qui refuse, volontairement, le pardon à son frère
celui-là n'a pas accueilli le pardon de Dieu, réellement,
avec toute la force de vie et d'amour qui en découle.
Celui qui ne veut pas transmettre le pardon reçu,
celui-là tue le pardon:
il en détruit l'effet dans son propre cœur.
Cette logique du pardon explique la formule du Notre Père:
«Remets-nous nos péchés
comme nous remettons à tout humain qui nous doit.» (Lc 11,4)
Ma vieille amie Marie-Louise omettait cette phrase
chaque fois qu'elle disait son Notre Père,
parce qu'elle ne voulait pas pardonner à une de ses voisines!
Telle est la condition pour être pardonné: pardonner à son tour.
Sans cette volonté de pardonner,
le pardon ne peut pas porter de fruit en nous.
Condition unique certes, mais qui est bien plus exigeante
que s'il s'agissait simplement de rembourser,
de payer sa dette pour devenir juste.

Face à la grandeur d'un tel pardon,
on pourrait penser qu'il est plus facile
à un chameau de passer par le trou d'une aiguille
qu'à l'humain de pardonner.
Jésus nous répondrait:
«L'impossible aux humains est possible à Dieu.» (Lc 18,27)
C'est Dieu seul qui peut nous faire naître
à cette droiture de grâce et de pardon.
Si Jésus peut appeler l'être humain à cette bonté généreuse,
c'est parce que c'est ainsi que Dieu vit
et surtout qu'Il se donne à vivre à ceux qui deviennent ses fils.

> Dieu fait lever le soleil sur les criminels comme sur les bons.
> Il fait pleuvoir sur les justes comme sur les injustes.
> Vous, soyez parfaits en droiture
> comme votre Père est parfait en droiture. (Mt 5,45)

Dans le passage semblable, Luc modifie «parfaits en droiture»
en écrivant: «Soyez miséricordieux
comme votre Père est miséricordieux.» (Lc 6,36)
Pour Jésus, la miséricorde traduit l'âme même de Dieu.
Le cœur de Dieu est comme le sein d'une mère, une matrice.
Dieu ouvre son cœur sans condition à tout être
quel qu'il soit et quel que soit son mal.
Il accueille l'être qui souffre afin de lui redonner la vie.
Il accueille en son intimité celui qui est comme mort
et Il lui donne un souffle nouveau.
Osons une image: la miséricorde de Dieu,
c'est Dieu qui accueille celui qui est comme un fœtus sans vie
et qui le porte en son sein pour le ré-animer,
pour lui re-donner vie et âme, pour le faire re-naître.

La bonté de Dieu pour nous est viscérale:
elle jaillit de ses entrailles de père et de mère.
Plusieurs siècles avant Jésus, Isaïe essayait de décrire cela:

> Tu disais:
> «Le Seigneur m'a abandonné, le Seigneur m'a oublié.»
> Une femme oublie-t-elle l'enfant qu'elle nourrit?
> Cesse-t-elle de chérir le fils de ses entrailles?
> Même s'il se trouvait une mère pour oublier,
> moi, Dieu, Je ne t'oublierai pas. (Is 49,14-16)

Une parabole juive compare l'univers créé au trône de Dieu.
Pour qu'il tienne solidement, il a été érigé sur quatre pieds.
Mais l'un des pieds était trop court.
Dieu est allé chercher une petite pierre pour caler ce pied.
Cette petite pierre, c'est la tendresse, la bonté.

C'est à vivre de cette bonté miséricordieuse
— dans nos tripes humaines — que Dieu nous invite.
C'est à cette bonté que Dieu veut nous engendrer.
C'est elle qui est la marque du divin dans notre être.
Dieu est amour, nous dit la première lettre de Jean.

> Très chers, aimons-nous les uns les autres,
> car l'amour vient de Dieu,
> et quiconque aime a été engendré par Dieu
> et il connaît Dieu. (1Jn 4,7)

Connaître, au sens biblique de ce mot
qui décrit l'union intime de l'homme et de la femme.
Dieu se fait connaître, et comme épouser par celui qu'Il aime.
Dieu est amour, Dieu est charité,
c'est-à-dire Dieu est don et par-don.

C'est au don et au par-don qu'il nous faut naître chaque jour,
et cela, par la grâce de Dieu.
Car lorsqu'il s'agit de vie, et de vie dans l'amour,
tout se fait par grâce, par accueil d'un don gratuit.
Et ce n'est pas parce que Dieu aurait créé l'être humain
tellement imparfait qu'il lui faudrait sans cesse recourir
à la suppléance d'un autre pour vivre et agir.
Mais tout se fait par grâce, parce que la gratuité d'amour
est le merveilleux mode de fonctionnement de la vie.
On ne respire qu'en accueillant le souffle,
on n'aime qu'en accueillant l'amour.
Le premier pas de la vie est l'accueil.
Le premier pas de l'amour est de se laisser aimer.
Jésus est le fils divin parfait en amour.
Il se propose à nous comme un ami, comme notre frère,
pour nous faire naître divins.
«À tous ceux qui le reçoivent,
il donne le pouvoir de devenir enfants de Dieu.» (Jn 1,12)
Il le peut car il est le Fils premier-né.
Il le peut car il est, dans toute sa vie, l'intime du Père:
«Moi et le Père, nous sommes Un.» (Jn 10,30)
Si Jésus nous fait naître au don et au pardon,
alors nous entrons nous aussi dans l'intimité de Dieu,
de Dieu qui est charité.

> On n'apprend pas la charité.
> On fait peu à peu sa connaissance,
> en faisant la connaissance du Christ[8].

C'est Jésus, par son Esprit, qui nous rend vivants de charité.
C'est son Esprit qui nous fait naître à la vie divine,

en nous rendant capables d'aimer divinement,
à l'image et à la ressemblance de Dieu.

> Seigneur, faites-nous vivre notre vie,
> Non comme un jeu d'échecs où tout est calculé,
> Non comme un match où tout est difficile,
> Non comme un théorème qui nous casse la tête,
> Mais comme une fête sans fin
> où votre rencontre se renouvelle,
> Comme un bal,
> Comme une danse,
> Entre les bras de votre Grâce,
> Dans la musique universelle de l'Amour.
> Seigneur, venez nous inviter[9].

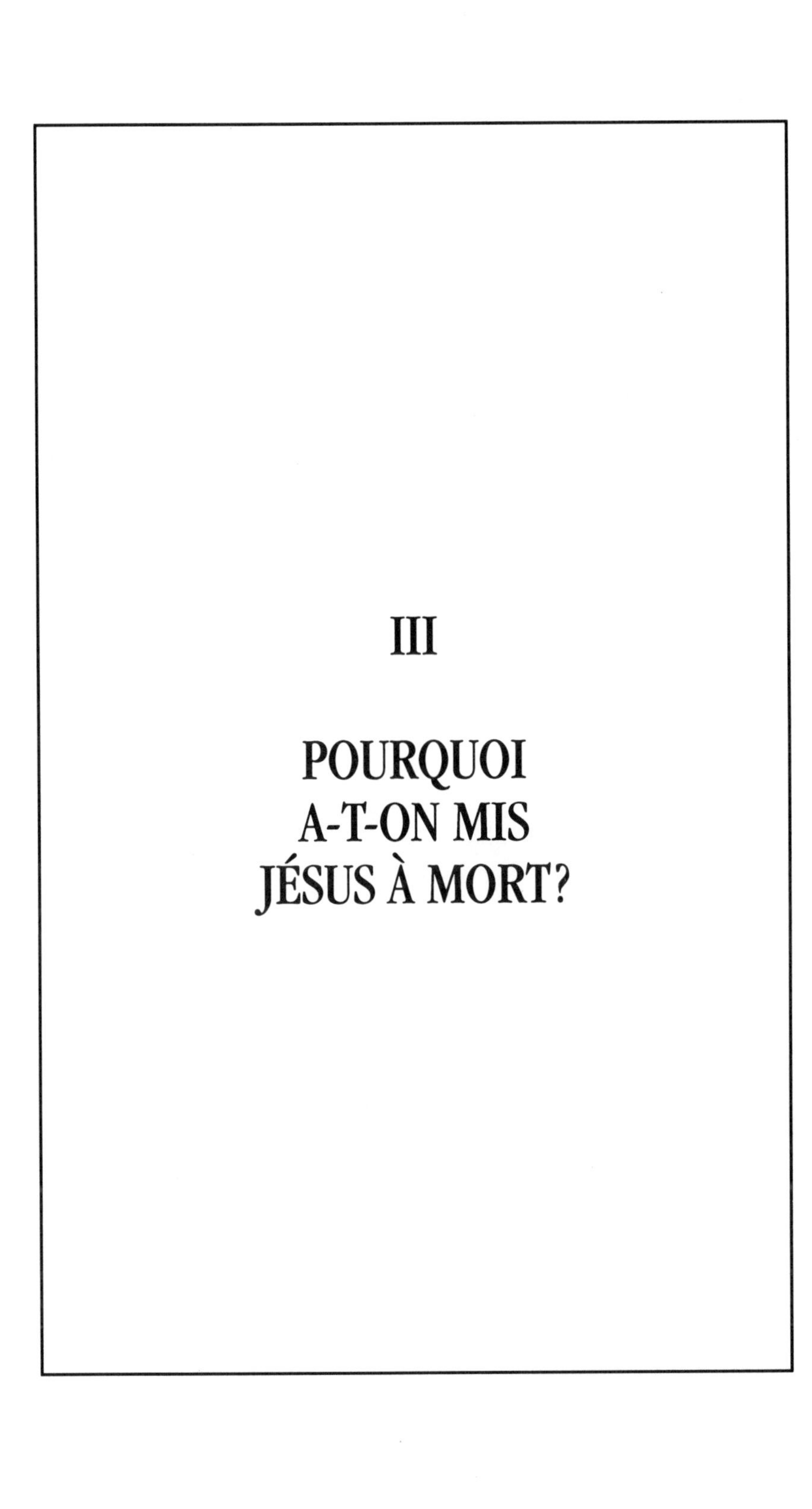

# III

# POURQUOI A-T-ON MIS JÉSUS À MORT?

«Il a souffert sous Ponce Pilate, est mort et a été enseveli.»
Cette petite phrase du *Symbole des apôtres*
inscrit la mort de Jésus dans l'histoire de l'humanité.
À considérer les faits, cette mort a dû passer presque inaperçue.
Du moins à en juger par le peu de monde
qu'il y avait lors de l'arrestation, ou au pied de la Croix.
Quelle différence avec la foule qui entourait Jésus
lors de la résurrection de la fille de Jaïre ou celle de Lazare!
À la multiplication des pains, ils étaient 5000 hommes,
sans compter femmes et enfants!
Et le procès! Ce fut un procès sans témoin de choc,
ni plaidoirie, ni délibération du jury.
On fit tout juste les démarches auprès des bureaux compétents
(Pilate, Hérode) pour que les papiers soient en règle.
Quant au fait de clouer un homme nu sur un morceau de bois
et de le laisser mourir au soleil devant tout le monde,
nous ne devons pas le juger avec notre mentalité du XXe siècle.
Peu d'hommes défendaient alors la dignité de la personne.
On crucifiait... couramment:
six cents pharisiens crucifiés en 89 avant Jésus-Christ;
le jour du Christ, ils étaient même trois.
Presque une mort banale!
En tous cas, une mort petite, comme la naissance à Bethléem.
Et c'est, pour nous disciples de Jésus, ce qui a sauvé le monde[10]!

Comment cet échec plutôt banal d'un prédicateur ambulant
est-il devenu le point central de l'histoire moderne?
Les années sont comptées avant et après Jésus Christ.
Et pourquoi les disciples de Jésus en sont-ils venus
à voir le Crucifié comme l'être humain
en qui la création tout entière est renouvelée?

Cette place donnée à la croix vient de Jésus lui-même:

> Moi, quand je serai élevé de terre (quand je serai crucifié),
> j'attirerai tous les humains auprès de moi. (Jn 12,32)
> Le fils de l'homme n'est pas venu
> pour être servi mais pour servir
> et donner sa vie en rançon pour la multitude. (Mc 10,45)

Et l'apôtre Paul écrira aux chrétiens de Corinthe:

> Je vous ai transmis ce que j'ai reçu:
> Christ est mort pour nos péchés selon les Écritures. (1Co 15,3)

Comment comprendre ces affirmations?
En quoi et pourquoi la vie de tous les humains
est-elle concernée par la mort de Jésus?

### Une fausse piste

Écartons tout de suite une certaine vision de la mort du Christ:
pour certains penseurs chrétiens, la mort de Jésus sur la croix
était voulue par Dieu comme une sorte de juste châtiment.
L'être humain a péché contre Dieu.
Aussi, en stricte justice, il doit réparer sa faute.
Mais comment réparer une offense
faite à quelqu'un d'aussi grand que Dieu?
Seulement quelqu'un de divin peut être digne de réparer
à la mesure de l'offensé qui est Divin.
Il a donc fallu que Dieu devienne humain
pour réparer à notre place... dignement!
Une telle vision irait tout à fait à l'encontre
de ce que Jésus a été, a fait, a pensé toute sa vie.
Si la justice de Dieu exige la croix comme réparation,
qu'en est-il de l'An de grâce que Jésus est venu proclamer?

Celui qui a appris de Jésus le visage d'un Dieu d'amour
ne peut être d'accord avec cette vision d'une mort réparatrice.
Dieu veut-il que notre souffrance vienne apaiser sa colère?
C'est, malheureusement, ce que nous chantions
dans le *Minuit, chrétiens!* de nos Noëls d'antan:
l'homme-Dieu descendit jusqu'à nous
«pour effacer la tache originelle
et de son Père arrêter le courroux».
Jésus a vécu dans une intense communion avec Dieu son Père;
il nous L'a révélé comme Père prodigue d'amour,
comme Celui qui donne et qui pardonne par grâce.
S'il y avait un prix à payer pour nous sauver,
ce ne serait pas au Père qu'on le devrait,
car ce n'est pas le Père qui nous a tenus captifs.
C'est du mal, du Prince du Mal que nous sommes prisonniers.
Mais Jésus affirme que nous sommes dans le temps de la grâce
où Dieu pardonne sans autre condition que l'accueil du pardon.

Puisque la piste de la faute à réparer et du châtiment à payer
nous semble une fausse piste,
tournons-nous vers l'Évangile afin de découvrir
pourquoi on a mis Jésus à mort.
Regardons ce que lui-même dit de sa mort.
L'Évangile marque deux grandes périodes dans la vie du Christ.
La première qui se situe surtout en Galilée,
la seconde qui se déroule comme une montée vers Jérusalem
et vers la passion.
La première période est marquée par les prédications
qui sont souvent accompagnées de guérisons.
Elle se termine par une question que Jésus pose à ses disciples:

«Qui dites-vous que je suis?» (Mc 8,29).
C'est Pierre qui donne la réponse: «Tu es le messie!»
L'évangile de Marc poursuit en disant que Jésus les rabroue
et demande qu'ils ne parlent de lui à personne. (Mc 8,30)
C'est aussitôt après cette acceptation du titre de messie
que Jésus veut avertir ses disciples sur l'issue de sa mission:

> Il commence à leur montrer qu'il doit s'en aller à Jérusalem,
> souffrir par les anciens, les grands-prêtres, les scribes,
> être tué et le troisième jour ressusciter. (Mt 16,21)

## Jésus, rejeté par les chefs de son peuple

Jésus a pleinement conscience que sa prédication a provoqué
un rejet de sa personne, surtout de la part des chefs.
Pourquoi celui qui dit venir pour la paix, pour la réconciliation,
est-il lui-même rejeté, et cause de division?
Que disait Jésus? Que faisait Jésus pour mériter ainsi le rejet?

### *Rejeté à cause de la miséricorde*

L'évangile de Luc nous dit que le rejet a commencé
dès les débuts du ministère.
Rappelons la prédication dans la synagogue de Nazareth.
Jésus y parle de l'An de grâce et tous s'étonnent.
Ils connaissent déjà les guérisons faites à Capharnaüm.
Aussi ils pensent en eux-mêmes
que Jésus devrait en faire au moins autant pour son village.
Les liens de «paroisse» leur donnent des droits!
Mais Jésus continue à parler de la grâce, de la gratuité de Dieu.
Et il illustre cela par des faits de l'histoire.

> Amen, je vous dis:
> au temps d'Élie, il y avait bien des veuves en Israël,

> quand il n'y eut pas de pluie pendant trois années et demie
> et qu'il y eut une grande famine.
> Eh bien, Élie ne fut envoyé à aucune d'entre elles
> mais à une veuve étrangère, à Sarepta de Sidon!
> Au temps d'Élisée, il y avait bien des lépreux en Israël.
> Et aucun d'eux ne fut guéri, mais Naaman, un syrien!
> (Lc 4,25-27)

Jésus affirme ainsi que Dieu continue à agir
de la façon dont Il a agi dans le passé:
son amour n'est pas lié à nos mérites mais à nos besoins.
Personne ne peut faire valoir des droits devant Dieu:
tout ce que Dieu donne est grâce:
une grâce offerte aussi bien aux païens qu'aux Juifs.
Alors, dans la synagogue, tous sont remplis de colère
et ils expulsent Jésus hors de la ville.

Pourquoi cette hargne soudaine de la part des Juifs?
C'est que toute leur vision de la justice de Dieu
vient d'être contredite.
Ainsi les mérites de leurs bonnes actions,
leur fidélité scrupuleuse à la pratique de la *Tora*,
toute cette vie juste ne leur donneraient aucune prérogative,
aucun privilège, aucun avantage?
Alors à quoi bon être juste?
Dieu a-t-Il le droit de faire passer les païens
avant ses fils, avant son peuple?
Ce qu'ils refusent ainsi, c'est le cœur du message de Jésus:
la miséricorde!
La miséricorde, au sens fort qui signifie le cœur souffrant,
et souffrant de la souffrance de l'autre parce qu'il l'aime.

Un cœur miséricordieux est un cœur qui compatit,
qui est solidaire de l'autre jusque dans l'épreuve.
C'est ce que Jésus prêche et ce qui va le faire rejeter.
Jésus contredit ici les Pharisiens, les Zélotes, les Esséniens...

Jésus dénonce les idées de certains Pharisiens sur la Règle,
parce qu'elles manquent d'amour.
Un jour de sabbat,
les disciples arrachent et mangent des épis dans les champs.
Jésus dit aux Pharisiens qui se scandalisent:

> Vous n'auriez pas condamné ces hommes
> qui ne sont pas coupables,
> si vous aviez connu que c'est la miséricorde que Dieu veut
> et non pas le sacrifice. (Mt 12,7)

Une autre fois, il dit:

> Malheureux vous, scribes et Pharisiens,
> parce que vous vous acquittez de la dîme,
> mais vous avez laissé le plus important de la Règle:
> le discernement, la miséricorde et la foi. (Mt 23,23)

Et il renchérit:

> En vérité, je vous dis que les publicains et les prostituées
> seront avant vous dans le Règne de Dieu. (Mt 21,31)

Ils seront avant vous... vous qui pensez être des justes
parce que vous êtes fils d'Abraham,
parce que vous observez les règlements de la *Tora*.
Ce qui importe d'abord, c'est de vivre la miséricorde.

Jésus refuse le zèle religieux des Zélotes,
parce qu'ils font passer la pratique religieuse
avant l'amour du prochain et le pardon.

Ainsi Pinehas avait été honoré pour avoir tué un Juif
parce qu'il avait couché avec une femme païenne.

Jésus ne partage pas davantage l'élitisme des Esséniens
qui se disent «fils de lumière»
et considèrent tous les autres «fils de ténèbres».
Rappelons-nous l'attitude de Jésus
devant la femme prise en délit d'adultère.
La *Tora* commande de lapider ces femmes.
«Que celui qui n'a jamais péché lui jette la première pierre»,
dit Jésus aux hommes qui la poursuivent pour la punir de mort.
Et s'adressant à la femme, il lui dit:
«Personne ne t'a condamnée? Moi non plus je ne te condamne pas.
Va et ne pèche plus.» (Jn 8,10-11)
Jésus répond à ceux qui s'indignent de le voir se souiller
en partageant la table de gens qui sont des pécheurs publics:

> Ceux qui sont forts n'ont pas besoin de médecins;
> mais ce sont les mal-portants.
> Allez apprendre que c'est la miséricorde que je veux
> et non le sacrifice.
> Je ne viens pas appeler les justes mais les pécheurs.
> (Mt 9,12-13)

Jésus sait découvrir cette miséricorde
dans le cœur du petit et du pauvre,
dans le cœur du pécheur et de l'étranger.
Ceux-là ont déjà fait l'expérience
de recevoir la miséricorde et le pardon pour eux-mêmes
et ils sont peut-être plus sensibles à les donner aux autres.
C'est ce que dit la merveilleuse parabole du bon Samaritain
dans l'évangile selon Luc (10,30-37).

Sur la route qui va de Jérusalem à Jéricho,
mal fréquentée et jalonnée de gorges propices aux guet-apens,
un homme est attaqué par des brigands.
Ils le laissent blessé et sans le sou, à moitié mort.
Trois hommes vont passer...
le premier sera un prêtre
et le second un lévite, un employé du Temple:
tous deux font un détour.
Le troisième est un Samaritain:
c'est-à-dire un hérétique aux yeux d'un Juif.
C'est lui qui s'occupera de l'homme,
et qui se montrera vraiment le prochain du blessé.
C'est ce Samaritain, peut-être déjà méprisé par le Juif blessé,
qui va pratiquer l'amour
et appliquer les deux points essentiels de la Règle de Dieu:

> Tu aimeras Dieu
> de tout ton cœur, de toute ton âme, de toute ta force,
> et tu aimeras ton prochain comme toi-même. (Lc 10,27)

Jésus replace toujours la miséricorde au premier plan:
plus importante que le sabbat, les offrandes au Temple
et les règles de pureté.
Sans véritable amour, toutes les pratiques religieuses
et l'observance de la Règle de Dieu ne valent rien.
C'est là un discours qui va conduire Jésus
à être soupçonné, espionné par les responsables de l'ordre
et taxé de fossoyeur de la religion et de la société.

Jésus est apparu, aux yeux de beaucoup de ses compatriotes,
comme un homme dangereux pour la religion.
Il enseigne un chemin vers Dieu

qui va au-delà de l'obéissance à la lettre de la *Tora*.
Il apprend à chercher et à vivre la volonté de Dieu
comme un chemin pour devenir libre.
Pour lui, la Règle de Dieu doit être gravée
dans le cœur de ceux qui sont ses fils,
et l'obéissance à la Règle doit avoir la spontanéité
qui est celle de fils aimants et libres.
Il veut initier à une foi bien personnelle,
à une prière, surtout silencieuse, pour «inventer» avec Dieu
les chemins quotidiens de la miséricorde.

Tout cela dépossède les scribes et les prêtres de leur autorité.
Les gens sont frappés par la nouveauté de son enseignement:
un enseignement qui semble venir de lui-même,
de son intimité avec la pensée de Dieu
et qui ne ressemble pas à celui des scribes,
qui, eux, ne font que répéter les Écrits.
«À vin nouveau, outres neuves», dira Jésus. (Mc 2,22)
Il a conscience d'apporter une nouvelle vision de Dieu,
de proposer une nouvelle façon de vivre la relation à Dieu.
Une relation qui se vit au plus profond de l'être.
Jésus ne fait plus du Temple de Jérusalem
le seul lieu sacré de la présence de Dieu.
C'est le cœur de chacun qui devient le vrai temple
où l'on rencontre Dieu.

> L'heure vient où vous n'adorerez le Père
> ni sur cette montagne, ni à Jérusalem.
> Les vrais adorateurs adoreront le Père en esprit et vérité.
> (Jn 4,23)

Vivre la miséricorde c'est aussi rencontrer Dieu.

Au Jour du Jugement,
les bénis du Père seront aussi bien des Juifs que des païens,
du moment qu'ils auront partagé leur pain avec l'affamé,
donné un vêtement à celui qui est nu,
visité le malade et le prisonnier,
accueilli l'étranger (Mt 25,31-40).
Jésus interviendra d'ailleurs comme un prophète
pour rappeler que le Temple doit être une maison de prière
ouverte aux gens de toutes nations
et non réservée seulement aux Juifs.
Ce geste provoquera la fureur des prêtres
qui vont alors chercher un moyen pour le perdre (Mc 11,17-19).

*Le sort des prophètes*

Toujours, dans le passé d'Israël,
le sort des prophètes fut d'être rejetés par les chefs du peuple.
Jésus le sait.

> Jérusalem, Jérusalem, toi qui tues les prophètes
> et lapides ceux qui te sont envoyés,
> que de fois j'ai voulu rassembler tes enfants
> comme une poule rassemble sa couvée sous ses ailes,
> et vous n'avez pas voulu. (Lc 13,34)

Le livre de la Sagesse décrit ce rejet du juste :

> Traquons le juste.
> Il nous gêne et s'oppose à nos actions.
> Il nous reproche nos manquements à la Loi....
> Il se flatte d'avoir la connaissance de Dieu
> et se nomme enfant du Seigneur.
> Il est devenu un reproche vivant pour nos pensées.

Sa seule vue nous est à charge
car sa vie ne ressemble pas à celle des autres.
Mettons-le à l'épreuve par l'outrage et la torture
afin de connaître sa douceur
et de mettre à l'épreuve son endurance. (Sg 2,12-15.19)

Pour Jésus, ce sort des prophètes est une loi de toute l'histoire. C'est ce que signifie la parabole des vignerons meurtriers:

«Il était un maître de maison qui plante une vigne.
Il l'entoure d'une clôture.
Il creuse un pressoir et bâtit une tour.
Il la loue à des vignerons et part au loin.
Quand le temps des fruits approche,
il envoie ses serviteurs aux vignerons
pour prendre sa part des fruits.
Les vignerons prennent ses serviteurs:
l'un ils le battent, l'autre ils le tuent, l'autre ils le lapident.
À nouveau, il envoie d'autres serviteurs
plus nombreux que les premiers.
Ils leur font de même.
Plus tard, il leur envoie son fils.
Il se dit: Ils respecteront mon fils.
Mais, en voyant le fils, les vignerons disent en eux-mêmes:
Celui-ci, c'est l'héritier.
Allons-y, tuons-le et nous aurons son héritage.
Ils le prennent, le jettent hors de la vigne et le tuent.
Eh bien! quand le Seigneur de la vigne viendra,
que fera-t-il à ses vignerons?»
Ils lui répondent:
«Il fera périr misérablement ces misérables

> et il louera la vigne à d'autres vignerons
> qui lui rendront les fruits en leur temps.» (Mt 21,33-41)

La vigne, c'est le peuple de Dieu.
Les vignerons, ce sont les chefs du peuple et les prêtres.
Les fruits de la vigne, ce sont les gestes de miséricorde.
Les serviteurs envoyés par le Seigneur, ce sont les prophètes.
On connaît le sort qui leur a été réservé.
Mais maintenant, c'est le Fils qui est envoyé,
et les chefs vont s'emparer de lui pour le tuer.
Ces prophètes sont rejetés parce que leur parole dérange.
Ils rappellent que les fruits de la Règle donnée par Dieu
doivent être des gestes de miséricorde.
Cet appel à la miséricorde remet en question chacun,
et peut-être davantage les chefs comme bergers du peuple.
Leur rôle de berger est de veiller à l'unité de tous,
une unité basée sur le respect des droits des plus défavorisés.
Mais les bergers manquent à leur tâche, le plus souvent.
Lisons le prophète Ézéchiel:

> Malheur aux bergers d'Israël qui se paissent eux-mêmes.
> N'est-ce pas le troupeau que les bergers doivent paître?
> Vous n'avez pas fortifié les brebis chétives,
> soigné celle qui était malade,
> pansé celle qui était blessée.
> Vous n'avez pas cherché celle qui était perdue.
> Vous avez dirigé avec violence et dureté. (Éz 34,1-4)

Pour se défendre, la réaction des bergers est infailliblement
de se retourner contre les prophètes
et de tenter de détruire leur influence auprès du peuple.
Pour cela, ils les font accuser de fautes contre la religion.

C'est ainsi qu'ils agiront envers Jésus,
cherchant à lui tendre des pièges
pour le prendre en défaut et pour pouvoir l'accuser.
Ils finiront par l'arrêter et ils lui feront un procès à la hâte :

> Les chefs des prêtres et tout le Sanhédrin
> cherchent un faux témoignage contre Jésus
> pour le mettre à mort.
> Ils n'en trouvent pas,
> quoique de nombreux faux témoins s'approchent.
> En dernier, deux s'approchent qui disent :
> « Celui-là a dit : "Je peux détruire le Temple de Dieu". »
> (Mt 26,59-61)

Cela faisait quarante ans que l'on reconstruisait le Temple
et il était une merveille !
En fait, Jésus n'avait pas dit : « Je peux détruire le Temple »,
mais : « Détruisez ce Temple
et en trois jours, je le relèverai. » (Jn 2,19)
Dire cela, c'était un peu comme se déclarer messie,
car la tradition disait que le messie purifierait le Temple :
or ce Temple est souillé
par l'aigle romain qui en domine l'entrée
et par ses prêtres nommés par un empereur qui est un païen !
Le messie supprimerait aussi les sacrifices d'animaux
pour introduire un culte purifié et plus intériorisé.
C'est ce que le psaume 50 chantait :

> [Ô Dieu], Tu ne prends aucun plaisir au sacrifice.
> Tu ne veux plus d'offrande d'animaux.
> Le sacrifice qui plaît à Dieu,
> c'est l'offrande d'un cœur de pauvre. (Ps 50,18-19)

C'est ce que beaucoup de prophètes avaient enseigné:

> Je suis haut et saint dans ma demeure, dit Dieu,
> mais je suis avec l'humain contrit et humilié,
> pour ranimer les esprits humiliés
> pour ranimer les cœurs contrits. (Is 57,15)
> Quelle maison pourriez-vous me bâtir?
> Le ciel est mon trône et la terre l'escabeau pour mes pieds.
> Celui sur qui je porte les yeux,
> c'est le pauvre et l'humilié. (Is 66,1-2)

Après avoir entendu l'accusation de vouloir détruire le Temple
pour en refaire un plus spirituel,
le grand-prêtre se lève et demande à Jésus:

> «Alors, tu ne réponds rien à ces témoignages contre toi?»
> Jésus se tait... Le grand-prêtre continue:
> «Je t'adjure par le Dieu vivant: dis-nous si tu es le messie?»
> «C'est toi qui le dis», répond Jésus.
> «D'ailleurs, je vous le dis:
> désormais vous verrez le Fils de l'homme,
> assis à la droite de la Puissance,
> et venant sur les nuées du ciel.»
> Alors le grand-prêtre déchire ses vêtements en disant:
> «Il a blasphémé!»
> Tous répondent et disent: «Il mérite la mort!» (Mt 26,62-66)

Comment comprendre la réaction de ces Juifs
qui étaient sans doute certains de leur bon droit devant Dieu?
Ils considèrent Jésus comme un homme irréligieux
qui veut détruire le Temple et qui sape les bases de la *Tora*.
Et cet homme prétend qu'il sera assis à la droite de Dieu!
Le Dieu de Jésus n'est pas le même Dieu que celui des prêtres.

Jésus a prévu quel serait le terme de sa mission.
Il sait qu'il aura le sort de tous les prophètes: le rejet.
Et ce rejet viendra de gens qui croiront faire la volonté de Dieu.
Un échec sans gloire!
Mais Jésus ne se contente pas de prévoir son sort,
il veut le choisir.
C'est librement qu'il veut aller à la mort:

> Ma vie, personne ne me la prend,
> mais c'est moi qui la donne. (Jn 10,18)

C'est ainsi que Jésus donnera leur sens à sa passion et à sa mort:

> Il *faut* que le fils de l'homme soit livré...
> et, le troisième jour, il se relèvera de la mort. (Mt 16,21)

Comment comprendre cela?

### Le sens que Jésus donne à sa mort

La question cruciale qui se pose à Jésus est de savoir
comment il doit réagir à ce rejet par les chefs du peuple.
S'il est rejeté parce qu'il prêche un Dieu de miséricorde,
peut-il réagir autrement que par la miséricorde et le pardon?
Jean Lacroix a écrit cette belle pensée:

> Aimer, c'est promettre et se promettre
> de ne jamais employer les moyens de la puissance
> à l'égard de celui qu'on aime.
> Et refuser toute puissance, c'est s'exposer au refus,
> à l'incompréhension et à l'infidélité[11].

L'amour ne s'impose pas.
Il ne peut que se proposer humblement.
Si la compassion, c'est de souffrir de la souffrance de l'autre,

compatir suppose que l'on soit vulnérable
et donc, d'une certaine façon, faible et désarmé.
François Varillon le dit très bien :

> Celui qui ne souffre pas n'aide qu'à moitié celui qui souffre.
> Chacun le sent confusément, redoutant, s'il est dans la peine,
> de n'avoir d'autre secours que des voisins comblés.
> Voisins peut-être mais ils ne sont pas proches[12].

Un fait raconté par Jean Climaque illustre cette compassion :

> J'ai vu un jour trois moines semblablement humiliés
> au même moment.
> Le premier fut durement blessé, se troubla,
> mais garda le silence.
> Le second eut joie pour lui-même
> mais tristesse pour l'insulteur.
> Le troisième ne pensa qu'au dommage de son prochain
> et pleura dans une extrême compassion.
> L'un était poussé par la crainte,
> l'autre par l'espoir de la récompense,
> le troisième par l'amour.

Il faut que l'autre puisse nous toucher intérieurement
pour qu'il y ait un vrai partage.
Celui qui se montre fort
ne peut réellement aimer l'autre, ni en être aimé.
Lao Tseu dit en images fort belles cette faiblesse de l'amour.

> Quand il vient au monde, l'humain est souple et sans force.
> Et, une fois mort, le voilà dur et raide.
> Les roseaux et les grands arbres — quand ils sont encore petits —
> plient et sont fragiles.

> Et quand ils meurent, ils sont devenus secs et cassants.
> C'est que force et dureté sont camarades de mort.
> Et que docilité et souplesse sont amis de la vie.
> La force, en définitive, n'a jamais rien conquis.

L'amour ne s'impose pas.
Il ne peut que se proposer librement.
Il ne peut y avoir d'amour que dans la liberté.
Et il y a de multiples façons de brimer la liberté
de celui qu'on veut aimer, qu'on croit aimer:
depuis la séduction, dont l'allure est innocente,
jusqu'à l'abjecte violence physique et morale,
en passant par la flatterie, le mensonge et le chantage.
Qui met le premier pas sur ce chemin,
celui-là ne sait pas où cela le conduira.
L'amour ne s'impose pas.
Il court toujours le risque de s'exposer au refus de l'autre.
L'amour ne veut répondre au refus que par l'amour offert,
toujours et sans cesse offert...
Aimer en vérité, c'est se livrer soi-même, désarmé.
Ainsi la logique de l'amour pourra conduire
à livrer sa vie à celui qui nous rejette,
c'est-à-dire à prendre et porter la croix.
Dans les semaines qui précéderont son arrestation,
Jésus ne cessera de redire à ses disciples:

> Les rois des nations dominent sur elles en seigneurs
> et les grands font peser leur pouvoir sur elles.
> Il n'en sera pas ainsi parmi vous.
> Celui qui veut devenir grand parmi vous,
> se fera votre serviteur.

Celui qui veut devenir premier, se fera votre esclave.
Le fils de l'homme ne vient pas pour être servi,
mais pour servir
et donner sa vie en rançon pour la multitude. (Mt 20,25-28)

Servir et donner sa vie: deux attitudes semblables pour Jésus:
deux attitudes commandées par l'amour.
Si Jésus s'était laissé tenter
par la séduction des moyens de puissance,
il se serait laissé contaminer
par la violence de ses oppresseurs.
Il aurait dès lors renoncé à vivre de l'esprit d'amour.
Il aurait, d'une certaine manière, perdu son âme.
N'est-ce pas ce que signifie cette parole frappante de Jésus,
si souvent répétée par lui:
«Qui voudra sauver sa vie, la perdra.
Mais qui perdra sa vie, la sauvera.» (Mt 16,25)
Ce qu'on peut traduire dans un langage plus familier:
Qui veut sauver sa peau, perd son âme.
Qui accepte de perdre sa vie, sauve son âme.
Répondre à la violence par la violence
pour sauver sa vie physique,
c'est perdre sa vie d'éternité en perdant son âme.
Car la violence est destructrice de notre être profond
par la haine dont elle se nourrit.

Gandhi, ce grand apôtre de la non-violence,
ne commençait jamais aucune action de résistance
sans avoir purifié son cœur de toute trace de haine:
et pour cela il jeûnait.
Martin Luther King est un témoin d'une même inspiration.

C'était lors de sa première grande lutte
contre la ségrégation existant dans les autobus de sa ville.
Les tensions devenaient de plus en plus grandes.
Les passions s'exaspéraient.
Déjà une bombe avait explosé devant sa résidence.
Après une journée de réunion très orageuse
entre les représentants blancs de la ville et les leaders noirs,
Martin rentre chez lui le cœur lourd.

> J'éprouvais un terrible sentiment de culpabilité,
> en me rappelant que par deux ou trois fois
> je m'étais laissé aller à la colère et à l'indignation.
> «Ne te laisse pas envahir par la colère»,
> me dis-je en moi-même.
> «Supporte celle de l'adversaire
> mais n'en éprouve pas toi-même[13].»

C'est dans cet esprit
que Martin téléphone à Parker, un leader blanc,
et qu'il va s'excuser auprès de lui de cette colère
parce qu'elle risque d'engendrer la haine.

Jésus refusera de prendre les moyens de la violence.
Il n'attisera ni haine ni vengeance contre ceux qui le refusent.
Ainsi il réprimande Jacques et Jean
qui veulent faire descendre le feu du ciel
sur le village de Samarie qui refuse de les accueillir.
Lors de son arrestation à Gethsémani,
Jésus dira à Pierre qui a dégainé son épée:

> Remets ton épée en place.
> Tous ceux qui prennent l'épée, périront par l'épée.

> Penses-tu que je ne pourrais pas supplier mon Père?
> Il m'offrirait à l'instant plus de douze légions d'anges.
> (Mt 26,52-53)

Il voulait la réconciliation de tous,
y compris de ceux qui allaient l'arrêter et le mettre à mort.
Sur la croix, Jésus livrera sa vie en même temps que son pardon:
«Père, pardonne-leur, car ils ne savent pas ce qu'ils font.»
(Lc 23,34)

*Donner sa vie, geste d'amour*

La croix n'aurait aucun sens
si elle n'était pas la conséquence d'un pardon d'amour.
Jésus l'a clairement signifié la veille de sa mort.
Dans le dernier repas qu'il va vivre avec ses disciples,
il donnera son testament d'amour:

> Voici ma vie donnée pour vous. (Lc 22,19)
> Voici mon sang versé pour la multitude
> en signe de pardon. (Mt 26,28)

Ces paroles ultimes de Jésus traduisent le sens profond
des gestes qui les accompagnent.
Dans le pays de Jésus, le partage du pain et de la coupe
sont des signes sacrés de communion.
Et Jésus accomplit ces deux gestes
en les adressant à l'apôtre qui va le renier (Pierre)
et à celui qui va le trahir (Judas):
à ceux qui vont rompre le lien sacré d'amitié qui les unit.

> Celui qui mange le pain avec moi a levé son talon contre moi.
> Amen! Je vous le dis: l'un de vous va me livrer. (Jn 13,18.21)
> Pierre, tu donnerais ta vie pour moi?

> Amen, je te le dis : trois fois tu m'auras renié
> avant qu'un coq se mette à chanter. (Jn 13,38)

Ainsi, avant même que les événements ne soient arrivés,
Jésus offre de partager le pain
à celui qui le trahit et à celui qui le livre.
De ce fait, ce geste de communion devient un geste de pardon.
C'est ainsi que Jésus choisit librement de marcher vers la mort :
Il vit le don de sa vie comme geste ultime de pardon
envers ceux qui le livrent à la mort.
Par son pardon d'amour, il veut tenter de renverser
toutes les barrières de rejet.
« La violence de ton ennemi doit fondre au feu de ton amour »,
disait Gandhi.
Voilà l'espérance qui anime Jésus au plus profond de lui-même :
une certitude de foi, dans la force de la bonté,
parce que la bonté est divine.
Pardonner n'est pas un signe de faiblesse.
Il est parfois plus facile
de renverser l'oppresseur par la violence
que de vouloir le toucher et le vaincre par la force de l'amour.
Cela demande de vivre intérieurement une puissance d'amour
assez forte pour que le violent ne puisse détruire notre paix
et pour que notre paix vienne vaincre la haine en son cœur.
En pardonnant, nous prions l'adversaire de changer son cœur
et de cesser de vouloir nous détruire.
Pardonner, c'est croire en l'autre, quel que soit le mal qui l'habite,
afin que la semence de bonté qui est au fond de lui se réveille.
Celui qui pardonne à celui qui lui fait mal
n'oublie pas que le mal-faisant est souvent un mal-heureux.
Celui qui est aggressif est souvent quelqu'un qui souffre.

Là où le juste voit des fautes à condamner,
le miséricordieux verra une détresse à secourir par le pardon.

### *La tentation de Jésus: douter de la force de l'amour*

Ce chemin qui le mène à la croix
a été un chemin de grande souffrance pour Jésus.
Les évangiles ne nous donnent pas le portrait d'un Christ
qui marche vers la mort avec panache et sans interrogation:
«Maintenant mon âme est bouleversée, et que dire?
Père, sauve-moi de cette heure?» (Jn 12, 27).
Lorsque Jésus réanime son ami Lazare,
il montre le bouleversement de son cœur (Jn 11,34.38):
peut-être parce que ce geste va décider les Juifs
à le mettre à mort (Jn 11,53)?
Après avoir lavé les pieds de ses disciples,
Jésus est bouleversé en annonçant la trahison de Judas (Jn 13,21).
Enfin, à Gethsémani, Jésus va vivre une douloureuse agonie,
et sa sueur deviendra comme des caillots de sang:

> Père, si tel est ton dessein, emporte cette coupe loin de moi!
> Cependant, non pas ma volonté
> mais que la tienne arrive. (Lc 22,42.44)

Comment comprendre ce bouleversement?
Est-ce la peur de souffrir et de mourir?
Est-ce à cause de la nuit dans laquelle il se trouve
en cherchant sa voie, en cherchant le chemin de l'amour?
Comment vivre l'amour jusqu'au bout, jusqu'à l'extrême?
C'est dans son intimité avec Dieu que Jésus cherche la réponse.
Mais la réponse ne se laisse découvrir
que dans une purifiante prière:
il faut vaincre toutes les tentations qui détournent de la croix.

Ces tentations ont dû être très fortes
si l'on regarde la violente réaction de Jésus envers Pierre:
il vient d'annoncer à ses disciples qu'il doit aller à Jérusalem,
souffrir de la part des anciens, des grands-prêtres et des scribes,
et être tué...

> Pierre prend Jésus à part et commence à le rabrouer:
> «Que tout te soit propice, maître.
> Non, il n'en sera pas ainsi pour toi!»
> Jésus se retourne et dit à Pierre:
> «Cesse de me suivre, Satan.
> Tu es une occasion de chute pour moi.
> Tes pensées ne sont pas celles de Dieu
> mais celles des humains.» (Mt 17,21-23)

Pierre vient de rappeler à Jésus la voix du Tentateur,
de ce Prince du mal qui l'aura poursuivi durant toute sa mission.
Car si Jésus semble avoir été tenté de refuser la croix,
à l'heure cruciale,
il a aussi connu cette «épreuve» tout au long de sa mission.

Aux tout débuts des évangiles (voir Mt 4,1-11),
l'épisode du désert résume les tentations de Jésus.
Au baptême, la voix divine a consacré Jésus comme envoyé;
il se retire alors au désert pour une longue retraite.
C'est dans la prière, en communion avec le Père,
que Jésus cherche ce que sera sa mission:
quels seront les choix qui vont décider de sa vie?
En fait, ces choix des premières heures
sont déjà ceux qui vont déterminer sa mort.
Tentons de voir comment.

• *La tentation des pains*, au désert,
peut être rapprochée de la multiplication des pains.
Le Tentateur avait proposé de faire des pains avec les pierres.
Plus tard, Jésus va multiplier les pains pour la foule.

> Voyant le signe qu'il vient de faire, les gens disent:
> «C'est vraiment lui, le prophète.»
> Jésus sait qu'ils doivent venir l'enlever pour le faire roi,
> et il se retire sur la montagne, seul. (Jn 6,14-15)

Jésus se retire pour méditer sur ce qu'il doit faire.
Les dictateurs savent depuis toujours
qu'on peut tenir les peuples sous son pouvoir
en faisant oublier la misère avec du pain et des jeux.
Pour combler la faim et l'oisiveté, on offre
le Bien-être social et les Jeux olympiques,
l'allocation-chômage et les matchs de football!
Alors, le lendemain, aux foules qui le cherchent, Jésus va dire:

> Vous me cherchez parce que vous avez été gavés.
> Œuvrez, non pour la nourriture qui est périssable,
> mais pour la nourriture qui demeure en vie éternelle.
> (Jn 6,26-27)

Dans le désert, Jésus avait déjà répondu au Tentateur:
Ce n'est pas de pain seulement que l'humain vivra,
mais de toute parole sortant de la bouche de Dieu. (Mt 4,4)
Jésus sait que le pain et les jeux ne calment pas la vraie faim.
Celle-ci est spirituelle: c'est une faim de sens, d'amour.
Le pain que Jésus a multiplié est le symbole de la parole
qu'il a donnée à la foule afin qu'elle s'en nourrisse,
afin qu'elle y trouve le sens de la vie véritable.

Cette parole est parole divine:
car Jésus est tout entier habité par le Père.
Il a en lui l'Esprit du Père parce qu'il se nourrit de sa parole.
Aussi toute sa vie (ses gestes, ses paroles) dit qui est le Père.
«Personne ne connaît le Père, sinon le fils.» (Mt 11,27)
Jésus a conscience que cette parole qui sort de la bouche de Dieu,
c'est lui-même: parole et fils bien-aimé du Père.
C'est pourquoi il se désigne à ses disciples
comme la nourriture pour la vie éternelle:
de la même façon que le pain devient vie en celui qui le mange,
de même la parole de Jésus devient vie d'éternité
en celui qui l'accueille et s'en inspire.

> Comme le Père, le vivant, m'a envoyé
> et comme moi, je vis par le Père,
> ainsi celui qui me mâche vivra aussi par moi.
> Moi, je suis le pain de la vie qui vient de Dieu.
> Si quelqu'un mange de ce pain, il vivra pour l'éternité.
> Le pain que je donne, c'est ma vie pour la vie du monde. [...]
> Celui qui mâche ma chair et boit mon sang,
> demeure en moi et moi en lui. (Jn 6,57.50-51.56)

La chair et le sang: deux aspects de l'être humain
qui veulent décrire la personne tout entière.
Comprenons bien ce que Jésus veut dire:
il ne s'agit pas d'être cannibale!
Celui qui mâche ma parole, c'est comme s'il me dévore,
celui qui accueille ma parole avec amour, se nourrit de moi;
celui qui boit mes paroles, c'est comme s'il reçoit mon sang,
pour être du même sang, du même esprit, de la même famille.

La parole de Jésus nous met en vraie communion avec Dieu-Père.

C'est à la suite de cette parole sur le pain d'éternité
que beaucoup de ceux qui l'ont entendue disent:

> «Cette parole est dure! Qui peut l'entendre?»
> Jésus sait que ses disciples murmurent à ce sujet.
> Il leur dit: «Est-ce que cela va vous faire trébucher?
> Les paroles que je vous ai dites sont souffle de vie.
> Mais il en est quelques-uns parmi vous qui ne croient pas.»
> Il sait dès le début quels sont ceux qui ne croient pas
> et quel est celui qui le livrera....
> «N'est-ce pas moi qui vous ai choisis, vous les Douze?
> Et l'un d'entre vous est un diable.» (Jn 6,60-64.70)

L'évangéliste parle probablement de Judas,
dont il dira qu'il était le responsable de la bourse commune
et qu'il était voleur.
À l'occasion de cette multiplication des pains,
Jésus refuse donc la tentation d'acheter la foi des gens
en les comblant de pain:
«Vous me cherchez parce que vous êtes gavés...»
Dieu n'achète pas notre amour
en nous comblant des biens matériels.
Le Dieu vivant donne sa vie, son amour gratuitement
pour nous appeler librement à une vie d'amour éternel.
L'horizon de la vie dépasse les biens de consommation.
L'être humain est destiné à devenir divin.
Et cette communion avec Dieu ne peut naître et se développer
qu'en se nourrissant de la Parole divine
qui fait vivre l'amour de bonté.
Mais Jésus sait déjà que, devant cette proposition,
beaucoup de ses disciples vont cesser de le suivre
et que Judas vient de décider de le trahir.

- Une deuxième *tentation* est celle de faire *des prodiges*.

> Si tu es fils de Dieu, jette-toi en bas [du Temple].
> Dieu commandera à ses anges de te porter sur leurs mains
> pour que ton pied ne heurte pas de pierre. (Mt 4,6)

Tout au long de son ministère, Jésus va se heurter
à ceux qui veulent le piéger
et lui demander d'accomplir des prodiges:

> Maître, nous voulons voir un signe de toi
> [prouvant que ton autorité vient de Dieu].
> «Cette génération est mauvaise et infidèle», répond Jésus.
> «Elle recherche un signe!
> De signe, il ne lui en sera pas donné,
> sinon celui de Jonas, le prophète.» (Mt 12,38-39)

On sait comment on peut comprendre le signe de Jonas.
Le Juif Jonas est envoyé prêcher la conversion aux païens.
Pour Jonas, il ne fait aucun doute
que les péchés de la grande métropole païenne, Ninive
(injustice, violence et débauche),
méritent un châtiment exemplaire.
La justice divine se doit de venger l'honneur de Dieu
qui est bafoué par le péché de ceux qu'il a créés.
Mais voilà que les habitants de Ninive se repentent
et que Dieu pardonne.
Alors Jonas se fâche et refuse cette miséricorde divine
qu'il considère comme une faiblesse,
indigne d'un Dieu qui est tout-puissant.
Jonas est le précurseur de Pierre refusant la «faiblesse» de Jésus.
Et peut-être aussi de Judas qui aurait livré son Maître,
trouvant qu'il faisait fausse route:

pour Judas, ce n'est pas avec la miséricorde
que Jésus pourra libérer Israël des Romains.
C'est bien parce qu'il a choisi de ne donner que le signe de Jonas,
le signe de la miséricorde et du pardon,
que Jésus choisit d'aller livrer sa vie à Jérusalem.

Mais cette réponse de pardon peut sembler parfois sacrilège
et nous faire douter de Dieu.
En effet, quelle est l'image spontanée que nous avons de Dieu?
N'est-ce pas celle d'un Dieu fort et juste
qui doit empêcher les méchants de faire leur œuvre de mort?
Quel est ce Dieu, amour tout-puissant, qui semble tolérer le mal,
qui se montre impuissant à combattre le méchant,
qui tolère la souffrance des innocents?
Devant certaines atrocités
(les viols programmés des femmes de Bosnie,
les massacres de milliers de civils au Ruanda,
les jeunes enfants enlevés à leurs familles
pour en faire des objets de prostitution...),
qui n'a pas senti monter sur ses lèvres une apostrophe à Dieu:
«Pourquoi permets-Tu cela si Tu es tout-puissant?
Si Tu es l'Amour, comment peux-Tu laisser les mal-faisants
continuer leurs méfaits et rester impunis?»

• Jésus ne s'est-il pas posé lui aussi semblables questions?
Pour redonner la liberté au peuple de Dieu,
pourquoi ne pas envisager
de se laisser porter à la tête des Zélotes
pour soulever le peuple contre les Romains?
Même s'il faut pour cela accepter le concours d'hommes
qui seront surtout animés par le goût du pouvoir.

Pour faire respecter les grands commandements de Dieu,
pourquoi ne pas envisager d'utiliser
la crainte sacrée qu'un Dieu-Juge inspire?
Ne vaut-il pas mieux avoir des fidèles obéissants,
même par crainte,
plutôt que des impies sans respect pour la Loi?
Pour faire régner la justice
et empêcher les puissants d'exploiter les plus faibles,
des prêtres, ayant une forte autorité sur les âmes,
ne seraient-ils pas plus efficaces
qu'une éducation des consciences qui est toujours illusoire?
Quitte à oublier la miséricorde... au moins provisoirement!
L'ordre par la force n'est-il pas préférable au désordre,
même s'il faut pour cela tolérer une dictature éclairée,
qui restreindrait sans doute les libertés?... mais au minimum!
La «sainte colère» n'est-elle pas permise
devant certaines ignobles injustices?
Où se trouve la volonté de Dieu?
chez Jean le baptiste impatient de voir enfin venir le Jugement
ou dans la patience de Jésus proclamant le pardon de grâce?

Mais utiliser les moyens de puissance,
même avec l'intention de faire le bien des autres,
n'est-ce pas utiliser les moyens du Prince de ce monde?
Céder à la *tentation de la violence*,
n'est-ce pas pactiser avec le Tentateur?
«Si tu te prosternes devant moi,
je te donne la domination des royaumes de la terre,
car elle m'a été livrée...», avait dit Satan.
Ces interrogations étaient angoissantes pour Jésus.
Elles ont questionné sans cesse le choix profond de sa mission:

la foi dans la force de la miséricorde et de la liberté.
La violence de sa réaction envers Pierre témoigne
du drame intérieur qu'il a dû vivre.

## La mort de Jésus et la souffrance de Dieu

C'est dans son intimité avec le Père que Jésus puise la lumière.
Il réfléchit sur l'évolution qui s'est faite
dans la longue histoire des rapports entre Dieu et son peuple.
Il sait qu'il n'est pas le fils d'un Dieu des armées célestes
qui aurait besoin de montrer sa gloire
en faisant périr les infidèles,
en égorgeant les prophètes des divinités païennes.
Le Dieu qu'il connaît est miséricordieux,
lent à la colère et supportant patiemment la faute.
«Il fait lever son soleil sur les bons et les méchants
et pleuvoir sur les justes et les injustes.» (Mt 5,45)
Il est le Père qui espère le retour du fils ingrat
et le Roi qui acquitte son serviteur de sa dette.
Il est le Dieu qui croit sans cesse et toujours
en la semence de bonté qui est enfouie dans le cœur de ses fils.
Il est Dieu de l'Amour: c'est-à-dire de la liberté et du pardon.
Malgré le mal tragique dont l'humain est capable,
Dieu ne peut empêcher le malfaisant d'agir en employant la force.
Si Dieu nous a créés libres,
ce ne peut pas être pour nous priver de cette liberté
aussitôt que nous en usons pour le mal!
Non que Dieu soit indifférent
aux tragiques souffrances que les malfaisants occasionnent!
Il en souffre, comme un père ou une mère souffre
de voir leur fils se détruire et détruire ses frères.

Si le pardon de Dieu n'était que de la pitié condescendante,
ce pardon serait scandaleux:
Dieu serait alors indifférent à nos souffrances.
Mais son pardon est vraie miséricorde.
Le Père de l'enfant prodigue n'a qu'une hâte,
c'est de voir son fils revenir à la vie!
C'est parce qu'Il aime et qu'Il aime infiniment
que Dieu surmonte sa souffrance et son impatience face au mal.
L'amour passionné de Dieu le rend solidaire de ses fils,
et solidaire jusqu'à la mort sur la croix.
Dans le cri de Jésus sur la croix: «Mon Dieu! Mon Dieu!
pourquoi m'as-Tu abandonné?» (Mt 27,46),
nous pouvons voir encore le vrai visage du Dieu-Amour.
Sur la croix, c'est le Père et Jésus, le Père avec Jésus,
qui livrent l'amour divin à la merci des malfaisants:
avec l'espérance de toucher les cœurs
par cet amour qui se livre et s'abandonne.
Claudel traduisait cela en disant:
«Le Christ n'est pas venu expliquer la souffrance,
ni la supprimer. Il est venu l'habiter de sa présence.»

La mort de Jésus dit la souffrance de Dieu
devant le mal qui fait souffrir ceux qu'Il aime comme un Père.
Au troisième siècle, Origène l'exprimait ainsi:

> De même que le Fils de Dieu a porté nos souffrances,
> de même Dieu supporte notre conduite.
> Le Père, lui non plus, n'est pas impassible.
> Il a compassion.
> Il connaît quelque chose de la passion d'amour.
> Il a des miséricordes
> que sa souveraine majesté semblerait devoir lui interdire.

Il faut oser dire
que la bonté du Christ a paru plus grande et plus divine
— et vraiment à l'image du Père —
lorsqu'il s'est rendu obéissant jusqu'à la mort de la croix.

Devant Jésus agonisant, les moqueurs ironisent ou défient Dieu:
«Il s'est confié en Dieu,
que Dieu le délivre à présent, s'Il l'aime.» (Mt 27,43)
On peut penser que Dieu aurait dû délivrer son fils de la croix
pour manifester que Jésus était un homme juste.
Mais alors Il ne serait pas le Dieu qui n'a que l'amour à offrir
en réponse au mal que l'humain peut faire.
Il serait le Dieu tout-puissant
qui intervient pour écrire notre histoire à notre place.
Il nous enlèverait notre responsabilité et notre liberté.
En Jésus mourant sur la croix,
offert par le Père qui s'offre avec lui,
c'est l'humain qui garde la dignité de sa liberté,
et qui demeure l'auteur de son destin.
Sur la croix, c'est Dieu qui souffre avec Jésus et en Lui.
C'est Dieu qui paie le prix de l'amour.

C'est Élie Wiesel, je crois, qui raconte ce fait si prenant
vécu dans un camp d'extermination nazi:
des détenus sont rassemblés dans la cour du camp
pour voir mourir des prisonniers pendus à des potences;
l'un d'eux est un jeune enfant;
une voix murmure, parmi les prisonniers: «Où donc est Dieu?»
Et une autre voix lui répond: «Il est là, dans cet enfant...»

Sur toute croix, c'est le vrai visage de Dieu qui se révèle.

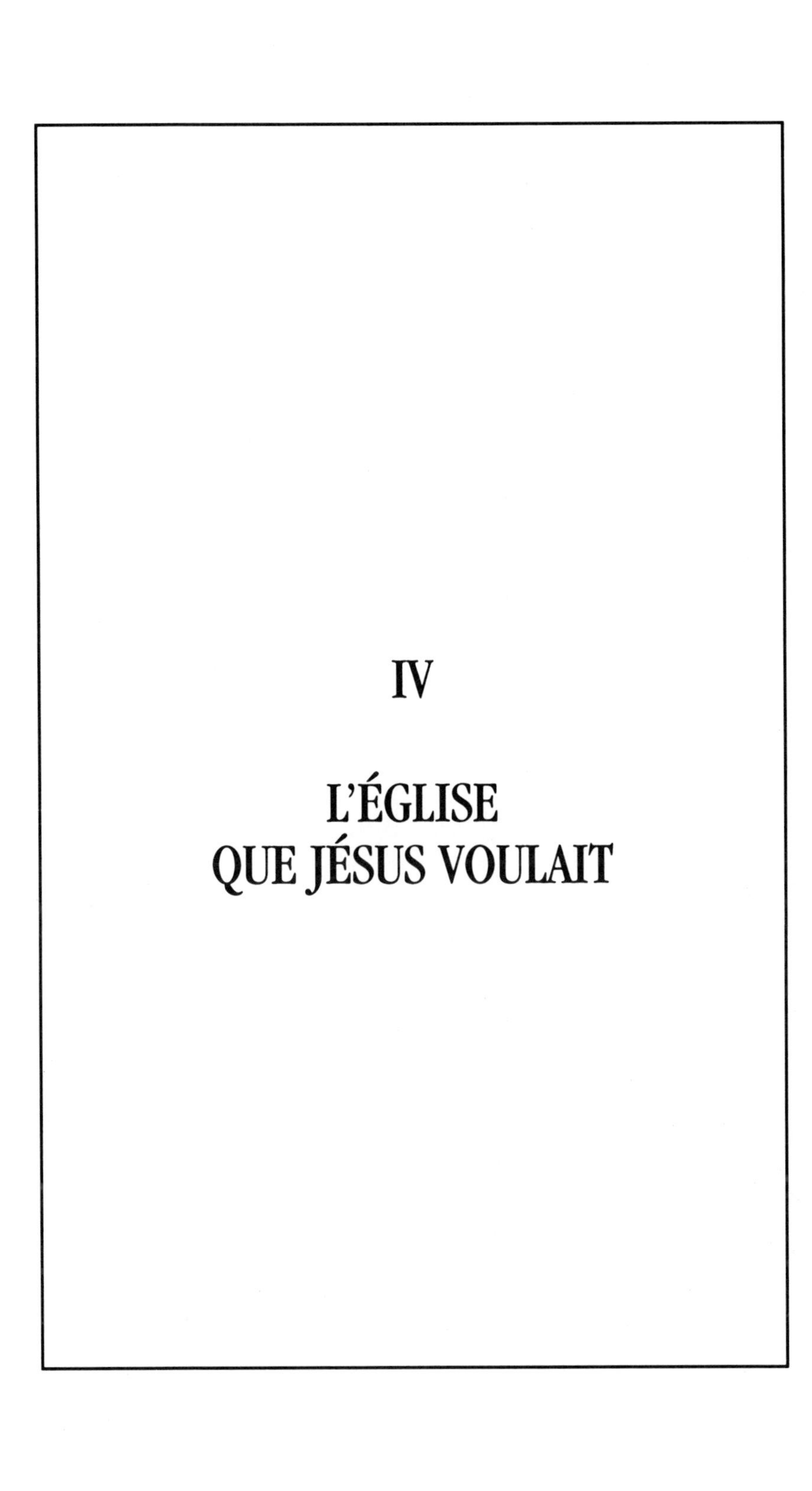

# IV

# L'ÉGLISE QUE JÉSUS VOULAIT

Jésus est en train d'enseigner.
On lui annonce que sa mère et ses frères veulent le voir;
il répond:

> «Qui sont ma mère et mes frères?»
> Et regardant à la ronde
> ceux qui sont assis en cercle autour de lui, il dit:
> «Voici ma mère et mes frères.
> Celui qui fait la volonté de Dieu,
> celui-là est pour moi frère, sœur, mère.» (Mc 3,33-34)

**Le Royaume de Dieu: la famille première**

Cette réponse peut sembler étonnante.
Elle semble même choquante vis à vis de Marie
et des cousins de Jésus:
Ceux-ci sont appelés frères selon la coutume du pays.
Pourtant cette réponse décrit bien la pensée de Jésus:
au-delà de la famille et du clan,
au-delà de la nation ou de l'ethnie,
au-delà même des religions et des Églises,
la famille première est celle qui réunit les humains comme fils de Dieu.
L'humanité doit chercher son unité en «Celui qui est à l'Origine»:
en Dieu qui est l'unique Père de tous.
Tout groupe humain qui se referme sur lui-même
risque de détruire cette unité.
Toute communauté qui devient un absolu pour ses membres
cultive en germe des idées d'exclusion
qui pourront conduire au nationalisme, au racisme.
Devant Dieu, chacun des humains est unique et tous sont égaux.
C'est donc dans la recherche commune de Dieu comme Père
que nous pouvons trouver et bâtir notre véritable fraternité.

## Jésus a-t-il eu un projet d'Église?

On connaît la célèbre phrase de Renan:
«Jésus a prêché le Royaume... c'est l'Église qui est venue.»
Quel a été le projet de Jésus?
Quand il commence son métier de prédicateur itinérant,
Jésus va parcourir les villes et les villages
pour clamer son message:

> Le Règne de Dieu est à vos portes!
> Convertissez-vous
> et faites confiance à mon Évangile. (Mc 1,15)

Ce qu'on pourrait traduire ainsi:
Dieu veut régner dans votre vie: Il veut être votre Père.
Dieu veut être en communion de paternité avec vous.
Et cela n'est pas là un rêve, un idéal inaccessible:
ouvrez seulement votre cœur à son amour, à sa grâce.
Pour cela, il faut changer votre façon de voir Dieu.
Cessez de vous baser sur la justice des Pharisiens:
ils veulent mériter l'amour de Dieu par la fidélité à la *Tora*.
Ils ont l'idée d'un Dieu juste juge
qui donne à chacun selon les mérites de sa conduite.
Cette façon de comprendre Dieu divise et sépare les humains:
entre les bons et les mauvais, les justes et les pécheurs,
entre les purs, fidèles à accomplir les ordres divins,
et les impurs qui sont infidèles et sans-loi.
Ce Dieu juste ne serait pas Amour
car il ne serait pas grâce et pardon.
Mais Dieu est le Père qui nous aime sans compter nos mérites.
Il s'approche de ceux qui lui ouvrent leur cœur
et qui se laissent aimer et pardonner par Lui.

Voilà l'essentiel de l'Évangile:
Dieu est pardon d'amour; Dieu est proche!
C'est l'assurance de cette proximité de Dieu pour tous
qui fait que l'Évangile est un message de bonheur.
Jésus veut rassembler, ré-unir les fils et les filles de Dieu,
autour de son Évangile du Dieu Père de toute bonté.
C'est là sa vision du Royaume de Dieu.

Or que voit-il autour de lui?
Une nation humiliée par les forces romaines qui la dominent;
un peuple divisé en fractions, en sectes qui se haïssent;
la masse des humbles qui sont exploités par les forts;
tous sont comme des brebis dispersées et sans berger.
Ils sont comme des brebis trompées par leurs chefs et leurs scribes
qui les maintiennent sous la crainte d'un Dieu juge,
un Dieu qui ne peut être atteint que par une vie méritoire.

> En voyant les foules,
> il est remué jusqu'aux entrailles pour elles,
> parce qu'elle sont fatiguées, prostrées,
> comme des moutons sans berger. (Mt 9,36)

L'Évangile de la grâce invite tous les humains
à faire confiance au pardon d'amour de Dieu
qui vient réveiller dans les cœurs la bonté qui y sommeille.

### *L'Évangile et les marginaux*

Ce message de bonheur, Jésus l'adresse en priorité
à tous ceux que la Règle de justice rejette en marge d'Israël.
Ces marginaux, ce sont les pauvres et les malades,
les enfants et les femmes, spécialement les veuves,
et les pécheurs publics.

La plupart de ceux-là sont exclus du culte,
celui du Temple ou celui de la synagogue,
parce qu'ils sont considérés comme impurs.
Les lépreux impurs et contagieux sont même reclus
en dehors des villages.
Un rabbin, Dosa ben Harkinas, cite parmi les causes
qui conduisent un homme à sa perte:
le sommeil du matin, le vin du midi,
le séjour dans les synagogues des gens du peuple
et le bavardage avec les enfants!
Les Esséniens excluaient de l'assemblée
les gens stupides, les fous, les aveugles et les sourds,
les estropiés et les boiteux,
et les enfants de moins de douze ans...
car les anges saints se tiennent au milieu de l'assemblée!

Jésus aura une attitude toute différente
à l'égard de tous ces marginaux:

- *Les pauvres*

    Vous les humiliés, vous marchez droit vers le bonheur
    car votre cœur est ouvert à la paternité de Dieu. (Mt 5,3)

- *Les enfants*

    Gardez-vous de mépriser aucun de ces petits,
    car les anges aux cieux voient constamment
    la face de mon Père. (Mt 18,10)

Jésus ne vante pas l'innocence des enfants ou celle des pauvres:
mais il voit, dans la condition qui leur est faite,
un mépris inacceptable envers ceux que Dieu aime
et considère comme ses fils et ses filles.

Jésus veut redonner aux pauvres dignité et espérance.
Il appelle aussi les riches à ne pas se marginaliser
en se coupant, par leur égoïsme, de la famille de Dieu.
Dans l'évangile aux Hébreux,
on trouve cette présentation de l'histoire de l'homme riche:

> Le Seigneur lui dit:
> «Comment peux-tu dire que tu as observé la *Tora?*
> Car il est écrit: "Tu aimeras ton prochain comme toi-même";
> or beaucoup de tes frères sont vêtus de haillons
> et meurent de faim
> tandis que ta maison est pleine de bonnes choses
> et qu'aucune n'en sort pour être donnée[14].»

• *Les femmes*

Contrairement à la coutume
qui interdisait aux femmes d'être disciples d'un maître,
ou membres de groupes religieux comme celui des Pharisiens,
Jésus semble avoir accepté des femmes parmi ses disciples.

> Il chemine à travers villes et villages
> proclamant l'Évangile du Règne de Dieu;
> avec lui il y a les Douze et certaines femmes qu'il a guéries,
> et d'autres nombreuses qui les assistent de leurs ressources.
> (Lc 8,1-3)

Au pied de la croix, avec les membres de la famille de Jésus,
se trouvent des femmes qui se sont mises à sa suite
en le servant, depuis la Galilée (Mt 27,55).
Se mettre à la suite, assister et servir,
sont les verbes qui décrivent le disciple d'un maître.
En effet, assister financièrement le maître était une façon
de le payer pour son enseignement.

Être disciple, c'est ce que Marie, la sœur de Marthe, a choisi.
«Marie, assise aux pieds du Maître, écoute sa parole» (Lc 10,39).
Jésus dira qu'elle a choisi la meilleure part.

• *Les malades*

Ce sont les sourds, les muets et les aveugles,
les paralytiques et les déficients mentaux:
Jésus les accueille et leur manifeste le pardon de Dieu.
À cette époque, on voit un lien très fort
entre le moral et le physique, entre péché et maladie.
Au paralytique, Jésus dira: «Tes fautes sont pardonnées»,
avant de l'inviter à prendre son brancard et à marcher.
Il fera appel à mettre sa confiance dans la bonté de Dieu
et dans la force de guérison de l'amour: «Ta foi t'a sauvé.»

• *Les pécheurs publics*

On connaît l'attitude de Jésus envers Zachée et les publicains,
envers la pécheresse adultère...
Ce qui compte à ses yeux n'est pas d'abord la faute,
mais le désir d'amour qui continue à survivre
au plus profond du cœur de chacun.

Avec tous ces gens marginalisés, plus ou moins rejetés,
Jésus veut vivre et faire vivre la règle de l'Année de grâce:
accorder le pardon, redonner dignité et liberté.

### *Jésus et les païens*

Ce message de bonheur s'adresse aux membres d'Israël.
Jésus veut-il aussi inviter ceux qui ne sont pas Juifs?
Peut-il désirer à la fois l'unité de tous les fils de Dieu
(une unité sans exclusion de personne)
et, en même temps, se limiter aux croyants d'Israël?

L'empire romain comptait environ huit millions de *prosélytes*,
(ce mot désigne les païens convertis à la foi d'Israël).
Jésus semble avoir eu des réserves
par rapport à l'effort missionnaire des Pharisiens.

> Malheureux êtes-vous, scribes et pharisiens hypocrites.
> Vous parcourez mer et terre pour faire un seul converti
> et, quand il l'est devenu, vous le rendez digne de l'enfer.
> (Mt 23,15)

Pourquoi cette réserve et cette critique de la part de Jésus?
Si le païen converti se coupe avec mépris des gens de son peuple,
parce qu'il se pense supérieur à cause de sa nouvelle foi,
alors on en a fait une personne sectaire et non un fils de Dieu.
Avant de faire entrer l'étranger dans le peuple de Dieu,
Jésus voudrait aussi voir Israël redevenir un peuple uni,
c'est-à-dire n'excluant ou ne marginalisant aucun des siens.
Jésus dira souvent son admiration
pour la qualité de foi de certains païens.
Ainsi, il dit à propos du centurion de Capharnaüm:
«Amen! Je n'ai trouvé une telle foi chez personne en Israël.»
(Mt 8,10)
Il rappelle que Dieu intervient souvent en faveur des païens:
«Il y avait beaucoup de lépreux en Israël...
et aucun ne fut guéri, mais Naaman, le syrien.» (Lc 4,27)
Enfin il affirme que des païens nombreux
deviendront membres du Royaume de Dieu,
alors que des Juifs se seront exclus:

> Beaucoup [de païens] viendront de l'orient et de l'occident
> pour prendre place à table avec Abraham, Isaac et Jacob
> dans le Royaume de Dieu. (Mt 8,11)

*Les invités du festin*

Pour décrire cette vraie famille de Dieu,
Jésus affectionne particulièrement l'image du festin.

> Allez donc à l'orée des chemins
> et tous ceux que vous trouverez, invitez-les aux noces:
> les mauvais comme les bons. (Mt 22,9-10)

Pour Jésus, aucune volonté d'unité n'est réelle et vraie
si on exclut certains humains de cette unité: même si c'est un seul!
Aussi, chaque disciple de l'Évangile est invité
à donner des repas qui soient signifiants du Royaume de Dieu:

> Quand tu fais un festin,
> invite pauvres, estropiés, boiteux, aveugles.
> Heureux seras-tu
> qu'ils n'aient pas de quoi te rendre en retour. (Lc 14,13-14)

Le label du Règne de Dieu est bien la gratuité des gestes,
l'ouverture sans exclusive.
Voilà le projet auquel Jésus s'est consacré totalement:
rassembler tous les fils de Dieu, qui sont souvent dispersés,
autour d'un Dieu qui est Père et Ami.

Jésus pensait-il vraiment réussir?
A-t-il cru pouvoir rassembler tous les rejetés, les marginalisés,
pour qu'ils soient membres à part entière de la communauté?
A-t-il cru que son message transformerait la foule du peuple
et amènerait ainsi les chefs à suivre le mouvement?

## L'Église: groupe témoin de la famille de Dieu

Jésus s'est vite heurté à la résistance des chefs de son peuple
qui ne comprennent pas comme lui le projet de Dieu.

Alors il va faire surgir un groupe-témoin
qui vivra avec lui de l'Évangile,
qui sera une famille à l'image de la Famille première,
comme une micro-réalisation du Royaume de Dieu.
C'est sans doute ainsi que nous devons comprendre
le groupe des douze envoyés: les apôtres.

> En ces jours, Jésus sort dans la montagne pour prier.
> Il passe la nuit dans la prière de Dieu.
> Quand le jour arrive, il convoque ses disciples.
> Il élit douze d'entre eux, ceux-là qu'il nomme apôtres.
> (Lc 6,12-13)

Parmi tous ses disciples, Jésus en a choisi et institué douze,
en faisant d'eux un groupe symbolique appelé: *Les Douze*.
À l'époque de sa fondation, le peuple comprenait douze tribus.
Au temps de Jésus, les tribus étaient plus ou moins éclatées
et on attendait du messie qu'il rétablisse toutes les tribus,
pour refaire l'unité d'Israël.
Ce symbole des Douze montre comment Jésus comprend sa mission:
il doit travailler à l'unité de tous les fils de Dieu.
De ces Douze, Jésus fait donc les envoyés de Dieu
pour appeler chacun à la conversion et à la réconciliation.
Et déjà, dans les Douze, Jésus réunit
un publicain (Matthieu) qui est collaborateur avec l'occupant romain,
et Simon qui est surnommé le Zélote
et qui est peut-être un nationaliste hostile aux Romains.
Lorsque les chefs du peuple vont le rejeter
parce qu'il est un prophète irréligieux, gênant et dangereux,
lorsque les foules vont l'abandonner
parce qu'il se refuse à devenir un roi-militaire,
c'est vers ce groupe des Douze que Jésus se tourne:

> Jésus dit aux Douze:
> «Vous aussi, vous voulez vous en aller?»
> Simon lui répond:
> «Mon seigneur, à qui irions-nous?
> Tu as des paroles de vie éternelle.
> Nous, nous avons cru,
> car nous savons que tu es le Saint de Dieu.» (Jn 6,67-69)

*La Famille-Église: assemblée nouvelle autour de l'Évangile*

C'est en réponse à son acte de foi
que Jésus va confier à Simon-Pierre
la tâche d'être la première pierre de l'Église.

> Tu es droit sur la voie du bonheur, Simon fils de Jona.
> Ce n'est pas l'humain qui t'a révélé cela,
> mais mon Père des cieux.
> Et moi je te dis: tu es Pierre
> et sur cette pierre je bâtirai mon Église. (Mt 16,17-18)

Le mot grec *ecclesia* (église en français) signifie: l'assemblée.
Ce mot évoque l'assemblée du peuple d'Israël:
ceux qui sont rassemblés autour de la *Tora*.
Pendant l'exode d'Égypte, au temps de Moïse,
c'est en accueillant la *Tora* comme Règle de vie donnée par Dieu
que les Hébreux se sont rassemblés en peuple de Dieu.
Pour célébrer l'Alliance entre Dieu et son peuple,
Moïse fait lecture de toutes les paroles du Seigneur-Dieu
(de toutes les directives de sa Règle)
et l'assemblée (l'église) répond:

> Toutes les paroles que le Seigneur a dites,
> nous les mettrons en pratique. (Ex 24,3)

Dans la prédication des synagogues,
la Règle était souvent comparée à un roc, un rocher.
Comme le roc sur lequel on peut s'appuyer parce qu'il est sûr,
ainsi la Parole de Dieu est comme un roc solide et fiable
parce qu'elle nous dit ce que la vie est «en vérité».
Conscient de parler au nom du Seigneur-Dieu, au nom du Père,
Jésus reprend la même image pour qualifier son enseignement:

> Qui écoute et apprend mes paroles
> pour les mettre en pratique,
> est comparable à un homme sage
> qui bâtit sa maison sur le roc. (Mt 7,24 et ss)

Jésus donne ce nom de Roc (Pierre) à l'apôtre Simon,
justement parce qu'il s'est mis à l'écoute de la parole du Père.
Le groupe-témoin du peuple de Dieu
sera réuni autour de l'enseignement de Jésus:
il sera bâti sur le roc qu'est l'Évangile de la grâce;
il sera fait de ceux qui ont converti leur cœur au Dieu-amour.
«À vin nouveau, outres neuves», disait Jésus (Mc 2,22).
La vision de Dieu qui est celle de Jésus
et la vision de Dieu qui est celle des chefs et des prêtres juifs
ne peuvent se marier.
Comme le vin nouveau demande des outres neuves
car il ferait craquer les vieilles outres,
le message nouveau de Jésus demande des outres neuves:
une communauté nouvelle.

> Je vous propose une pratique nouvelle:
> aimez-vous les uns les autres;
> comme je vous aime, aimez-vous. (Jn 13,34)

Pourquoi cette pratique est-elle nouvelle?

C'est qu'il s'agit d'aimer comme Jésus, à sa manière,
avec le même esprit que lui.
Le prologue de l'évangile de Jean dit:
«La Règle a été donnée par Moïse,
la grâce et la vérité nous sont venues par Jésus Christ.» (Jn 1,17)
Dans la pensée de Jésus,
si Moïse a donné la Règle de justice (règle du donnant-donnant)
c'est à cause de la dureté des cœurs humains
qui ne sont pas prêts pour vivre la Règle de la grâce généreuse.
La Règle de Jésus propose une pratique de l'amour-charité.
Il y a des manières très différentes d'aimer:
la passion d'amour où l'attrait physique est important;
l'amitié qui se tisse sur des sentiments de sympathie;
l'amour gratuit, la charité, où la volonté est première
et s'efforce de respecter l'autre et de le rendre heureux.
Le cœur de pierre, le cœur dur, peut devenir cœur de chair
en *pratiquant* l'amour gratuit, la bonté.
Les disciples de Jésus auront-ils le cœur ouvert à la charité
davantage que les Pharisiens?
D'où vient cette espérance de Jésus
de voir les Douze — et les disciples qui leur succéderont —
vivre vraiment la pratique nouvelle du Règne de Dieu?

Parce que Jésus a vécu pleinement l'amour de grâce
et «n'a pas commis de péché» (2Co 5,21),
il peut être l'ami qui fait cheminer vers la bonté généreuse.
En accueillant l'amitié de Jésus,
nous pouvons vivre de son esprit.
En lui, la Règle de la grâce s'est faite vie humaine:
elle est la pensée de Jésus, ses paroles,
son cœur, ses gestes de compassion, son pardon.

Jésus est la Règle vivante de la miséricorde divine.
Devenir chrétien, c'est accueillir en soi le Christ Jésus
pour qu'il vienne vivre la miséricorde
dans notre vie, dans nos gestes et dans nos paroles.
«Soyez mes imitateurs, dira l'apôtre Paul,
comme je le suis moi-même du Christ.» (1Co 11,1)
Pour ses disciples, Jésus est le prototype du fils de Dieu:
il est le moule du nouvel Adam,
de l'être humain nouveau façonné par la grâce.
L'Église de Jésus est l'assemblée nouvelle de la Famille de Dieu:
elle se forme de ceux qui accueillent Jésus et s'assemblent
pour pratiquer comme lui l'Évangile de l'amour gratuit.
C'est l'Évangile, écouté et vécu en groupe de disciples,
qui est la pierre sur laquelle l'Esprit de Jésus bâtit la Famille-Église.
Le chrétien est un «évangélien»:
pour acquérir la mentalité du Christ,
pour devenir comme lui fils du Père,
il veut vivre l'Évangile en qui il trouve la sagesse
qui façonne les fils et les filles de Dieu.

*La Famille-Église: laboratoire de fraternité*

C'est en devenant fils du Père, par la sagesse de Jésus,
que ses disciples deviennent frères et sœurs les uns des autres.
Il s'agit d'une fraternité réelle, concrète:
elle n'est pas faite des affinités qu'un même sang donne,
ni de la sympathie réciproque de ceux qui ont une même sensibilité,
mais de la solidaire unité de ceux qui vivent l'amour-charité:
tous ceux que l'Esprit de Jésus inspire
pour vivre le respect mutuel, l'entraide et le pardon entre frères.
Il y a un lien incontournable
entre l'Évangile à vivre et la fraternité dans le Christ.

La fraternité chrétienne découle de l'Évangile vécu entre frères
et l'Évangile ne se vit concrètement
que là où l'on devient réellement frères et sœurs par Jésus.
Cette assemblée-Église est comme le laboratoire familial
où s'expérimente un vécu de fils et de filles de Dieu.
Elle est le premier lieu où l'on s'entraide à vivre de cet Évangile
où l'on se sent responsables les uns des autres,
responsables de notre devenir fils, filles de Dieu.

> Celui qui n'aime pas son frère qu'il voit,
> ne peut pas aimer Dieu qu'il ne voit pas. (1Jn 4,20)

On pourrait dire:
celui qui ne vit pas comme un frère,
celui-là n'est pas fils de Dieu;
celle qui ne vit pas comme une sœur,
celle-là n'a pas pris au sérieux sa filiation divine.
C'est ce que Jésus a pratiqué:
il a lié son Évangile du Dieu de miséricorde
à l'expérience de vie fraternelle du groupe des disciples.
L'Évangile ne peut porter de fruits dans le cœur d'un disciple
si celui-ci n'est pas inséré dans une Église fraternelle
qui vit de la grâce et par la grâce.
La vie chrétienne n'est pas seulement connaissance de Dieu,
célébration religieuse ou enseignement moral.
Elle est d'abord expérience de la Famille de Dieu
autour de Jésus, à sa suite, sous le souffle de son Esprit.
Elle est expérience, entre frères, de l'amour reçu de Dieu,
de l'amour donné et par-donné jusqu'à soixante-dix-sept fois.

«On ne peut vivre une vie d'Évangile concrète
dans une Église abstraite», disait Madeleine Delbrêl.

L'Église abstraite est celle qui n'a plus sa dimension fraternelle.
C'est pourquoi la taille des assemblées chrétiennes
est commandée par le but poursuivi.
Pour expérimenter cette fraternité,
une connaissance mutuelle est nécessaire.
Et cette connaissance se réalise par la possibilité de partager
comment chacun accueille, comprend
et met en pratique l'Évangile.

> Comme la foi peut être morte ou vivante,
> l'Église peut être morte ou vivante
> selon que son aspect communautaire est réel ou non,
> qu'elle est faite de femmes et d'hommes
> qui peuvent mettre, ou non, un nom sur chaque visage.
> (Jacques Lœw)

*La Famille-Église et son rôle dans le monde*

Jésus a donc voulu que ses disciples soient une véritable famille
sur laquelle Dieu règne comme le Père de tous.
Deux symboles décrivent le rôle de cette famille dans le monde:
«Vous êtes le sel de la terre.
Vous êtes la lumière du monde.» (Mt 5,13-14)

À nos oreilles d'occidentaux du vingtième siècle,
cette affirmation peut paraître incroyable.
Beaucoup doivent la juger prétentieuse, délirante.
Comment cette affirmation raisonnait-elle
aux oreilles des compagnons de Jésus?

- *«Vous êtes le sel de la terre»*

Chez les Hébreux comme chez les Arabes et les Grecs,
le sel est symbole de l'hospitalité et de la communion.

Peut-être parce que le sel a la vertu de conserver les aliments
et qu'il est ainsi l'image de l'amitié fidèle qui ne se dégrade pas.
Il accompagne les offrandes pour célébrer le pacte d'alliance
entre Dieu et les humains, entre les humains ré-unis par Dieu.
Cette célébration de l'Alliance se fait souvent par le partage
d'une même nourriture: un seul pain, une seule coupe.
La table est alors le lieu de la communion fraternelle,
une communion qui prend ses racines en Dieu, Père de tous.
Dans son livre *Nous avons partagé le pain et le sel*,
Simon de Beaurecueil évoque la merveilleuse histoire de Ghaffâr,
son jeune ami afghan.
Ghaffâr a seize ans: son père est mort et son frère est fou.
Un jour, il vient frapper à la porte du père Simon,
qui est dominicain et qui a été son professeur au lycée.

> Je suis venu vous demander quelque chose:
> accepteriez-vous que nous mangions ensemble,
> une fois chez vous, puis une fois chez moi?
> Je voudrais que nous partagions le pain et le sel,
> après quoi nous serions liés pour toujours...

Le sel évoque donc la communion sacrée et indestructible
entre ceux qui partagent une même table familiale.

Cette coutume du partage du pain et du sel
est encore en usage dans certains pays.
Lors de sa visite à l'O.N.U., le président russe, Kroutchev,
qui ne portait pas les Américains dans son cœur, a dit:
«Pour être ami avec les Américains,
il me faudrait manger une tonne de sel.»
Lors des premiers tournois de hockey Russie-Canada,
les joueurs ont partagé le pain et le sel sur la patinoire.

Les rites d'entrée dans la Famille-Église (baptême-eucharistie),
comportent aussi ce partage du sel,
comme geste d'accueil dans la communauté,
et du pain, signe de communion avec Jésus et ses disciples.
En leur disant qu'ils sont le sel de la terre,
Jésus demande à ses disciples de vivre dans l'unité:
«Ayez du sel en vous-mêmes
et soyez en paix les uns avec les autres.» (Mc 9,50)
Cette fraternité chrétienne sera ouverte à tous,
riches et pauvres, petits et grands:
aux publicains Zachée et Matthieu, à la femme adultère,
à la pécheresse au flacon de parfum,
à Simon le Pharisien, à Marthe et Marie et Lazare,
aux gens des noces de Cana...
Au sein d'Israël divisé en sectes et en partis qui s'affrontent,
Jésus voulait que l'amour sans exclusive
soit le signe auquel on reconnaît ses disciples.
«Voyez comme ils s'aiment», devrait-on dire des chrétiens.
Cette fraternité sera le témoin de la présence actuelle de Jésus
qui aide toujours ses disciples à vivre l'amour-charité.

«Si le sel devient fou...
il n'est bon qu'à être jeté dehors.» (Mt 5,13)
Ce qu'on peut comprendre ainsi:
Si, vous qui êtes mes disciples,
vous ne vivez plus cette fraternité ouverte à tous,
si vous n'êtes plus ceux qui partagent le pain et le sel avec tous,
si vous ne vivez plus le pardon et la miséricorde,
alors, vous ne pourrez pas jouer votre rôle d'Église de Dieu.
Mon Église ne peut être que le témoin de l'amour gratuit:
pour tout être humain et en priorité pour les marginalisés.

Si, vous qui êtes mes disciples,
vous n'êtes pas témoins de la grâce de Dieu,
vous serez alors rejetés par le monde, car devenus inutiles.
Pour Jésus, ce sel devenu fou n'était-il pas le peuple d'Israël
que l'oppression romaine et les luttes entre Juifs ont rendu fou?
Selon le Talmud, si Israël s'est effondré en l'an 70,
c'est parce que les sectes juives se déchiraient
et que la haine divisait les Juifs entre eux.
La même tentation guette sans cesse les disciples de Jésus.
Les divisions des Églises chrétiennes sont là pour le rappeler.
Les chrétiens sont-ils vraiment conscients
que, dès qu'un seul est exclu de la Famille-Église,
la charité de Dieu n'y est plus présente
et qu'alors ils ne sont plus le sel de la terre?

• *« Vous êtes la lumière du monde »*

Pour un Juif, la lumière du monde,
ce n'est pas la bonne conduite des membres du peuple de Dieu,
mais c'est la *Tora*.
La *Tora* éclaire la vie des fils de Dieu.
Mais cette Règle, que Dieu confie à son peuple,
doit éclairer aussi tous les peuples de la terre.
En donnant à son Église vocation d'être lumière pour le monde,
Jésus se situe dans la ligne des prophètes d'Israël.
Lisons le prophète Isaïe:

> Tandis que les ténèbres s'étendent sur la terre
> et l'obscurité sur les peuples,
> le Seigneur va se lever sur toi et sa gloire va paraître sur toi.
> Les nations vont marcher vers ta lumière...
> Jérusalem, lève-toi et sois lumière! (Is 60,1-3)

Lorsque Dieu habite vraiment le cœur de ses fils,
alors le peuple de Dieu devient lumière qui attire les nations.

Peuple et nations: deux mots qui sont liés chez les prophètes.
L'un est au singulier: il s'agit du peuple de Dieu, Israël.
L'autre est au pluriel: ce sont tous les autres peuples,
appelés les nations et aussi les païens.
Dans le chant du Serviteur d'Isaïe,
Dieu dit qu'il a appelé et formé son serviteur
«pour qu'il soit *l'alliance* de la multitude
et *la lumière* des nations» (Is 42,6).
Jésus est sel de l'alliance:
par sa force d'amour
il allie Dieu et ceux qui sont devenus ses fils et ses filles;
il allie entre eux les fils et les filles de Dieu
pour en faire l'Église, l'assemblée de la Famille de Dieu.
Ceux qui accueillent l'Évangile sont appelés
à vivre une communauté d'alliance avec Dieu.
Et cette communauté doit être lumière pour guider et attirer
ceux qui recherchent le Seigneur.

> Plus l'Église veut aller au monde,
> plus elle veut être missionnaire,
> plus aussi il faut que soit visible, lisible aux yeux de tous,
> la fraternité chrétienne authentique.
> Je veux dire une fraternité
> qui ne soit pas un vague humanitarisme,
> mais l'amour même venu de Dieu, descendu d'En Haut,
> qui soude entre eux une poignée d'hommes et de femmes,
> consacrés à Dieu par le baptême
> pour s'aimer les uns les autres,
> comme Jésus-Christ nous aime[15].

Comme Jésus est venu pour réunir, rassembler,
ainsi ses disciples sont envoyés pour être des artisans d'unité.

> Je prie pour ceux qui, grâce à leur parole, croiront en moi;
> que tous soient un!
> Comme Toi, Père, Tu es en moi et que je suis en Toi;
> qu'ils soient un en nous, eux aussi,
> afin que le monde croie que Tu m'as envoyé. (Jn 17, 20-21).

Nous pouvons dire de la Famille-Église, lumière du monde,
ce que Madeleine Delbrêl disait de l'équipe fraternelle:

> On se réunit pour vivre, aussi loin qu'on peut aller,
> le vrai amour du Christ, le vrai amour des autres.
> On se réunit pour faire un avec le Christ, et un ensemble,
> et attirer les autres dans cet amour[16].

La Famille-Église, «c'est l'amour de Dieu passant en nous,
nous unifiant et allant aimer nos frères[17]».
Les chrétiens sont témoins d'une lumière qui vient de Dieu:
la charité qui est grâce.
Il leur suffit de se laisser aimer par Jésus
et de laisser Jésus aimer en eux, par eux, avec eux;
mais... c'est précisément là qu'est le défi de la vie chrétienne!

> Que votre lumière resplendisse en face des hommes.
> Ils verront vos bonnes œuvres
> et ils glorifieront votre Père des cieux. (Mt 5,16)

Comment comprendre ces «bonnes œuvres»?
Comment les chrétiens sont-ils la lumière du monde?
par leur bonne conduite? par leur bon exemple?
Comment alors comprendre le reproche
que Jésus fait à ceux qui font l'aumône
en trompettant devant eux afin d'être bien vus des autres?

Mais ces «bonnes œuvres» sont celles de la vraie miséricorde,
celles de la compassion, du pardon,
et de telles œuvres ne peuvent être faites
que par celui qui est humble de cœur.
Compatir, être miséricordieux, suppose que l'on soit vulnérable
et donc, d'une certaine façon, faible et humble.
En effet, celui qui veut briller, celui qui se croit fort
ne peut pas être miséricordieux, compatissant
car il est incapable de souffrir de la souffrance de l'autre.
Il est incapable de porter en lui l'autre qui est souffrant,
de l'accueillir dans ses entrailles de tendresse,
pour lui re-donner la vie en lui donnant un peu de sa vie.
Seul le miséricordieux a un cœur capable
d'accueillir la miséricorde qui vient de Dieu.
«Heureux les miséricordieux,
Dieu leur fait miséricorde» (Mt 5,7).
Ce n'est que dans le cœur des petits et des humbles
que la miséricorde de Dieu peut se vivre.
Seuls les humbles vivent et agissent dans l'amour.
C'est donc en eux seulement que la lumière de Dieu resplendit.
Paul, l'apôtre, a vécu cela profondément:

> Le Seigneur m'a déclaré:
> «Ma grâce te suffit.
> Ma puissance donne toute sa mesure dans la faiblesse.»
> (2Co 12,9)

La beauté du chrétien est celle de la grâce
qui lui est donnée sans condition.
La lumière de la communauté chrétienne ne vient pas
de ce qu'elle est composée de parfaits et de justes,
mais de fils et filles que le Père a graciés.

Malgré les conflits sociaux, les guerres, les disputes de famille,
malgré toutes les divisions, malgré le péché,
la fraternité est possible.
Elle ne l'est pas pour les savants, pour les parfaits,
pour ceux qui se croient forts par la droiture de leur vie;
mais elle est possible pour les humbles,
pour ceux qui ont conscience d'être autant pécheurs
que les tyrans et les voleurs.
«Je te bénis, Père, d'avoir caché ce mystère aux sages
et de l'avoir révélé aux petits». (Mt 11,25)
Lisons encore ce que l'apôtre Paul écrit aux Corinthiens:

> Frères, considérez qui vous êtes,
> vous qui avez reçu l'appel de Dieu.
> Il n'y a parmi vous
> ni beaucoup de sages aux yeux des humains,
> ni beaucoup de puissants,
> ni beaucoup de gens de bonne famille.
> Ce qui est folie dans le monde,
> Dieu l'a choisi pour confondre les sages;
> ce qui est faible dans le monde,
> Dieu l'a choisi pour confondre ce qui est fort...
> afin qu'aucune créature n'en tire orgueil devant Dieu.
> (1Co 1,26-29)

La fraternité est possible parce qu'elle est l'œuvre de Dieu.
Les pécheurs n'ont qu'un «mérite»:
avoir accueilli la grâce du Père.
C'est cela la grandeur des fils et filles de Dieu.

> Non, ce n'est pas nous-mêmes,
> mais c'est Jésus Seigneur que nous proclamons, dit Paul.

> Car Dieu qui a dit:
> «Que la lumière brille au milieu des ténèbres»,
> c'est Lui qui a brillé dans nos cœurs...
> mais ce trésor, nous le portons dans des vases d'argile
> pour qu'on voie que cette incomparable puissance
> vient de Dieu et non pas de nous. (2Co 4,5-7)

De jeunes Haïtiens écrivaient cela au pape Jean-Paul II:

> Toi, notre Pape, tu sais l'épreuve que nous traversons:
> faim et torture, menaces, persécutions, prison...
> désespoir des jeunes qui se jettent dans la drogue,
> chômage qui frappe la majorité des jeunes
> qui doivent se prostituer pour survivre,
> augmentation démesurée des taxes
> qui frappent les plus pauvres...
> On vend des Haïtiens
> pour la coupe de la canne à sucre à Saint-Domingue.
> Tous ces jeunes qui souffrent aujourd'hui,
> c'est Jésus qui continue de combattre les forces de mort.
> Mais, nous les jeunes,
> nous continuons à suivre Jésus jusqu'au bout,
> car déjà, par ce combat,
> la lumière de la résurrection commence à percer.
> Comme saint Paul, nous les jeunes,
> nous portons les richesses de Dieu dans notre cœur.
> «Mais ce trésor, nous le portons dans des vases d'argile
> pour que cet excès de puissance soit de Dieu
> et ne vienne pas de nous.
> Nous sommes pressés de toute part, mais non écrasés,
> persécutés mais non abandonnés,
> terrassés mais non réduits à rien.» (2Co 4,7-9)

«Déjà, par ce combat contre les forces de mort,
*la lumière de la résurrection* commence à percer.»
Ces jeunes sont certains d'être lumière du monde
par leur combat contre tout ce qui détruit l'être humain
et contre tout ce qui divise les humains.
Cette espérance, d'où leur vient-elle?
Ils le disent: de Jésus lui-même parce qu'il est vivant, ressuscité.
Beaucoup de chrétiens pourraient témoigner d'une même espérance,
comme cet ami qui disait: «Je sais que Jésus est ressuscité:
il m'aide à vivre le pardon avec mon épouse.»

### L'espérance de Jésus

Quelle espérance Jésus a-t-il mis dans son Église?
Quelle confiance pouvait-il avoir
que ce petit groupe des Douze deviendrait
sel de la terre et lumière du monde?
Jésus leur disait: «Ne crains pas, petit troupeau,
car il a plu à votre Père de vous donner le Royaume.» (Lc 12,32)
Pourtant, à certaines heures,
il semble que Jésus ait été sur le point de perdre confiance:
«Quand le Fils de l'homme viendra,
trouvera-t-il encore la foi sur la terre?» (Lc 18,8)
À plusieurs reprises (Mt 6,30; 8,26; 14,31; 16,8),
il qualifiera ses propres disciples de mini-croyants,
parce qu'ils s'inquiètent, ont peur et manquent de confiance.
Malgré tout cela, les paraboles du Royaume crient la confiance de Jésus,
son assurance en l'à-venir du Règne de Dieu.
Certes, les débuts sont tout petits, à peine perceptibles:
la fraternité qui ré-unit les humains en Dieu
est étouffée par le propre péché de ses fils et de ses filles;

elle est souvent cachée par la puissance des forces du mal,
mais l'Esprit d'amour agit dans les cœurs
et la multitude des humains entrera dans la Fraternité de Dieu.

> Le Royaume est semblable à une graine de moutarde.
> Elle est la plus petite de toutes les semences.
> Elle grandit et devient plus grande que les plantes:
> et c'est un arbre, si bien que les oiseaux du ciel
> viennent faire leur nid dans ses branches. (Mt 13,31-32)

Où Jésus puisait-il cette espérance?
D'où lui vient cette confiance qui semble inébranlable,
malgré le rejet des chefs de son peuple?
malgré l'inconstance des foules
qui s'enthousiasment un matin et tournent le dos le soir?
malgré la mini-foi de ses propres disciples?
malgré l'infidélité... jusqu'au sein des Douze?

C'est dans sa prière, intense et continuelle,
que Jésus puise cette conviction.
Après avoir annoncé qu'il devait souffrir et mourir,
Jésus veut partager sa méditation à ses disciples.
Il choisit trois d'entre eux: Pierre, Jacques et Jean,
et il les emmène, dans le silence et près de Dieu,
pour prier sur la montagne (Lc 9,28-36).
Ce sont les mêmes disciples qui seront les témoins
de sa dramatique agonie à Gethsémani.
La retraite au désert avait ouvert la période de prédication
et avait décidé des choix de vie qui l'accompagnaient;
maintenant la retraite sur la montagne
va ouvrir la montée vers Jérusalem
et elle consacrera le choix de marcher vers la croix.

Dans ce temps de prière,
Jésus médite sur l'histoire de Dieu et de son peuple.
Il vient s'inspirer des grands prophètes que sont Moïse et Élie.
Dans cette communion spirituelle avec eux,
il réfléchit sur l'événement qui va venir:
sa mort qu'il doit accomplir à Jérusalem.
Qu'est-ce que peut signifier la présence d'Élie et de Moïse?

*Élie* est ce prophète d'Israël
qui a lancé un défi à 900 prophètes des dieux païens: les baals.
Par sa prière au Dieu d'Israël,
Élie a réussi à faire descendre le feu du ciel sur les offrandes.

> À cette vue, le peuple se jeta la face contre terre et dit:
> «C'est le Seigneur qui est Dieu,
> c'est le Seigneur qui est Dieu!» (1R 18,39)

Fort de sa victoire, Élie fait égorger les prophètes des baals.
Mais quand Jézabel menace Élie de venger les prophètes païens
en lui enlevant la vie,
voici qu'Élie se met à douter: douter de Dieu? de lui-même?
«Prends ma vie, Seigneur,
car je ne vaux pas mieux que mes pères!» (1R 19,4)
L'ange du Seigneur l'envoie prier sur la montagne de l'Horeb,
à la rencontre de Dieu.

> Et voilà que s'élève un vent fort et puissant
> qui fracasse les rochers.
> Le Seigneur n'est pas dans le vent.
> Après le vent, c'est un tremblement de terre.
> Le Seigneur n'est pas dans le tremblement de terre.
> Après le tremblement de terre, c'est un feu.

Mais le Seigneur n'est pas dans le feu.
Et après le feu, c'est le silence d'une brise légère.
En l'écoutant, Élie se voila le visage. (1R 19,11-13)

Dieu est là... Dieu se manifeste,
non plus par une action destructrice, par un châtiment,
mais par un souffle de vie qui est re-créateur.

Élie sort de la caverne.
Alors voici vers lui une voix qui lui dit:
«Que fais-tu là, Élie?»
Il répond:
«Seigneur, Dieu tout-puissant,
depuis toujours je suis consumé du zèle de Te servir.
Mais Israël a délaissé ton alliance, [...] tué tes prophètes.
Je suis resté, moi seul, et ils en veulent à ma vie.»
Le Seigneur lui dit:
«Va, retourne. [...]
Je laisserai en Israël un reste de 7000 hommes,
tous ceux dont les genoux n'ont pas plié devant les baals.»
(1R 19,15-18)

Ce qui va réconforter Élie, c'est cette promesse divine:
Dieu inspirera et soutiendra toujours le «petit reste»,
ceux qui maintiennent l'alliance d'amour entre Dieu et les siens.
Malgré les infidélités et le reniement de ses fils,
Dieu ne sera jamais définitivement vaincu.
La mort de ses prophètes
est comme une semence tombée en terre...
Elle fera fleurir des fils de Dieu dans le printemps à venir.

C'est aussi sur l'Horeb
que *Moïse* a fait la plus forte expérience de Dieu.

Alors que Moïse implore le Seigneur, demandant:
«Fais-moi, de grâce, voir ta grandeur, ta gloire!»
le Seigneur lui répond:

> Je ferai passer devant toi tous mes bienfaits
> et Je prononcerai devant toi le nom du Seigneur:
> «Je fais grâce à qui Je fais grâce.
> Je fais miséricorde à qui Je fais miséricorde.» [...]
> Le Seigneur passa devant Moïse et proclama:
> «Le Seigneur, Dieu de miséricorde et de tendresse,
> lent à la colère, riche en grâce et en fidélité,
> qui reste fidèle à des milliers de générations,
> qui supporte la faute, la révolte et le péché.» [...]
> Moïse s'agenouilla à terre et se prosterna.
> Il dit:
> «Seigneur, si j'ai vraiment trouvé grâce à tes yeux,
> que le Seigneur marche au milieu de nous.
> C'est un peuple à la nuque raide que celui-ci,
> mais Tu pardonneras notre faute et notre péché,
> et Tu feras de nous ton héritage.» (Ex 33,18-19; 34,6-9)

Fidélité de Dieu... pour les siècles des siècles.
Dans son testament, Moïse redira son espérance
malgré toute l'infidélité d'Israël:

> Le Seigneur vous dispersera parmi les peuples;
> il ne restera de vous qu'un petit nombre parmi les nations. [...]
> Alors, de là-bas, tu rechercheras le Seigneur ton Dieu;
> tu le trouveras
> si tu le recherches de tout ton cœur, de tout ton être.
> Quand tu seras dans la détresse,
> toutes ces paroles t'atteindront.

Mais à la fin des temps, tu reviendras au Seigneur ton Dieu
et tu écouteras sa voix,
car le Seigneur ton Dieu est un Dieu miséricordieux
qui ne t'abandonnera pas et ne te détruira pas:
Il n'oubliera pas l'alliance qu'Il a conclue avec tes pères.
(Dt 4,27-31)

Sur la montagne, c'est avec ces deux grands serviteurs de Dieu
que Jésus parle du choix qu'il doit faire:
monter à Jérusalem et témoigner du Dieu du don et du par-don,
par le don de sa propre vie.
Moïse et Élie ont témoigné auprès de Jésus
de leur expérience de l'inlassable bonté de Dieu.
Ils ont témoigné de cette bonté divine
qui est leur espérance ultime:
Dieu relèvera de la mort ceux qui restent fidèles à l'Amour
et qui ne ploient pas le genou devant le mal qui domine notre monde.
C'est la bonté qui triomphera.
Cette certitude inonde le cœur de Jésus d'une paix divine,
d'une joie intérieure que rien ne pourra lui ravir.
Cette paix, cette joie rendent Jésus tout rayonnant de lumière.
Elles le transfigurent, faisant rayonner son visage
comme rayonnait déjà celui de Moïse (Voir Ex 34,29).
En cette heure, dans le cœur à cœur de la prière,
Jésus fait don de sa vie à Dieu.
Et ce don se transforme en joie, en lumière.
Quelle que soit l'humiliante mort à laquelle il se livre,
quel que soit le rejet de son peuple,
quels que soient l'abandon et la trahison de ses frères,
Jésus sait désormais que Dieu sera avec lui
«jusqu'à ce qu'Il le relève de la mort».

Jésus peut lire l'assurance de sa propre résurrection
dans cette certitude de la victoire finale de Dieu sur le mal et la mort.

> [Lorsqu']ils redescendent de la montagne,
> Jésus leur dit:
> «À personne ne parlez de l'apparition,
> jusqu'à ce que le Fils de l'homme ressuscite
> d'entre les morts.» (Mt 17,9)

## Le testament de Jésus

Cette certitude de la victoire de la bonté sur le mal et la mort,
cette assurance que Dieu va le ressusciter,
permet à Jésus de faire que son dernier repas sera un mémorial.
Un mémorial n'est pas le souvenir d'un geste accompli autrefois,
mais un geste qui est re-vécu, rendu actuel.
Les disciples pourront refaire, revivre ce repas avec Jésus,
tous les jours jusqu'à la fin des temps.
Au long des siècles, Jésus vivant revit avec ses disciples
le don d'amour qui donne sens à sa mort.
La mort sur la croix exprime l'amour de Jésus pour les siens,
jusqu'à l'extrême (Voir Jn 13,1 et ss).
Si ce dernier repas de Jésus n'est célébré qu'avec les Douze,
c'est parce qu'ils re-présentent la Famille-Église dans sa totalité.
Jésus veut signifier ainsi
que ce pain rompu est le signe qu'il donne sa vie,
non seulement pour ceux qui sont à table avec lui à cette heure,
mais pour la multitude des hommes et des femmes
qui accueilleront ce don de son amour, tout au long de l'histoire.

Que signifient les gestes qui sont au centre de ce repas d'à-Dieu?

À l'époque de Jésus, des repas rituels,
accompagnés de prières, de chants, de gestes symboliques,
étaient célébrés par les groupes religieux,
comme ceux des Pharisiens et des Esséniens.
Pour bien saisir le sens de ce repas religieux,
il faut en comprendre tous les symboles dans la culture juive.
Souvenons-nous du partage du pain et du sel
comme signes sacrés de communion.
Souvenons-nous que le pain est le symbole de la parole de Dieu:
une parole dont il faut se nourrir pour vivre selon l'Esprit divin.
La voix divine dit au prophète Ézéchiel:
«Homme, mange ce livre qui t'est présenté.
Nourris-toi, imprègne-toi de ce livre que je te donne.» (Éz 3,3)
Parce que sa parole est parole du Père divin,
Jésus la donne à manger à ses disciples:
elle est leur nourriture spirituelle.
Par sa parole partagée,
Jésus sera présent au milieu des siens réunis pour son repas.

> Ayant pris du pain et ayant rendu grâces, il le rompt
> et le donne à ses disciples en disant:
> «Ceci est ma vie donnée pour vous.
> Faites cela en mémoire de moi.» (Lc 22,19)

La tradition juive disait que Dieu est présent
lorsque deux ou trois sont réunis pour parler de la *Tora*.
De même, chaque fois que ses disciples se rassemblent
pour rompre sa parole et s'en nourrir,
Jésus les assure de sa présence:

> Quand deux ou trois sont réunis en mon Nom,
> je suis au milieu d'eux. (Mt 18,20)

Parce que Jésus ressuscitera et sera vivant,
chaque fois que les disciples partageront le pain de sa parole,
son Esprit redira la parole comme une parole nouvelle.

> L'Esprit vous guidera vers la vérité totale.
> Il ne parlera pas de lui-même....
> Il vous communiquera ce qu'il reçoit de moi. (Jn 16,13.15)

Jésus vivant se rend présent
à celui qui vit de sa parole et de son esprit et il s'unit à lui:

> Si quelqu'un m'aime, qu'il garde ma parole.
> Mon Père l'aimera et nous viendrons chez lui
> et nous ferons chez lui notre demeure. (Jn 14,23)

Imprégné de sa parole, le disciple ne fait plus qu'un avec Jésus.
Jésus exprime la même réalité dans sa prière au Père:

> Je leur ai fait connaître ton nom,
> pour que l'amour dont Tu m'aimes soit en eux
> et moi en eux. (Jn 17,26)
> Je leur ai donné la gloire [l'amour] que Tu m'as donnée
> pour qu'ils soient un comme nous sommes un;
> moi en eux et Toi en moi. (Jn 17,22-23)

L'apôtre Paul traduira ainsi cette intimité de communion:

> Je vis, mais ce n'est plus moi, c'est Christ qui vit en moi.
> Car ma vie présente, je la vis dans la foi au Fils de Dieu
> qui m'a aimé et s'est livré pour moi. (Ga 2,20)

Chaque fois que les disciples boivent à la coupe de Jésus,
l'alliance qui les unit à Dieu et à Jésus est de nouveau ratifiée:

> Prenant la coupe, il dit:

«Cette coupe est la nouvelle alliance
en mon sang versé pour vous.» (Lc 22,20)

À cause de l'infidélité de l'être humain,
l'alliance doit être re-vécue sans cesse à travers le pardon.
Les forces du mal viennent continuellement
rompre cette alliance, briser l'amitié entre Jésus et les siens,
entre le Père et ses fils et filles.
Jésus livre sa vie pour dire le pardon et l'amour.
De même que le pardon ne porte fruit
qu'en celui qui est prêt à pardonner à son tour,
de même la vie du Christ ne porte fruit en ses disciples
que s'ils sont prêts à se donner à leurs frères.
Il ne peut y avoir de communion entre Jésus et les siens,
et entre les disciples eux-mêmes,
que si chacun se met au service des autres.

Le geste du lavement des pieds a le même sens
que le geste du sang versé.
L'évangile de Jean donne à ce geste du lavement des pieds
la place que le pain et la coupe occupent
dans les autres récits évangéliques.
Ce geste de service n'était même pas accompli par les serviteurs
car il semblait trop déshonorant.
Mais il était un geste de piété filiale,
fait par les filles envers leur père
ou par les disciples envers leur maître.
Ce geste veut traduire la relation de communion (de père à fils)
qui s'établit entre le rabbi et son élève:
«Celui qui empêche son élève de le servir
est semblable à celui qui lui refuse l'amour», dit Rabbi Jochanan.

Jésus reprend la même idée, mais en l'inversant:
«Pierre, si je ne te lave pas,
tu n'as pas de part avec moi.» (Jn 13,8)
Cette fois, c'est le maître qui lave les pieds de son disciple:
si je ne te lave pas, tu ne peux pas être en communion avec moi
car tu te refuses à mon amour.
Et Jésus ajoute:

> Si moi, le seigneur et le maître, je vous ai lavé les pieds,
> vous devez vous aussi vous laver les pieds les uns aux autres.
> Je vous ai donné un exemple
> pour que ce que je vous ai fait, vous aussi vous le fassiez.
> (Jn 13,14-15)

Après avoir fait ce geste, Jésus est profondément bouleversé:
«Amen! je vous dis qu'un de vous va me livrer.» (Jn 13,21)
Pour Pierre comme pour Judas, ce geste du lavement des pieds
comme le geste du pain partagé et de la coupe
est déjà un geste de pardon.

Faire mémorial de ces gestes, c'est les accueillir dans notre vie,
pour nous nourrir de leur force d'amour,
et les vivre à notre tour dans le quotidien de nos vies.
En célébrant le Repas du Seigneur,
les disciples de Jésus prennent l'engagement
de servir et d'aimer jusqu'au pardon.
Jésus se donne à ses disciples afin qu'eux-mêmes livrent leur vie
pour rassembler dans l'unité.
«Qui veut être mon disciple, qu'il prenne sa croix
et me suive.» (Mt 16,24)
Prendre sa croix et livrer sa vie
car l'esprit du mal travaille contre le projet du Christ.

Comme il l'a fait dans le cœur de Judas et dans celui de Pierre,
le Prince de ce monde souffle l'incompréhension mutuelle,
la division suivie de ces multiples misères:
«discordes, jalousie, emportements, disputes,
médisances, désordres...» (2 Cor. 12,20)
Ré-unir, rassembler en communauté, est toujours un combat,
souvent une tâche sur-humaine.
Il ne faut pas s'en étonner: c'est pour cela que le Christ est mort.

D. Bonhœffer, pasteur protestant allemand, disait:

> Si des chrétiens peuvent vivre avec d'autres chrétiens
> dans une communauté déjà visible sur la terre,
> ce n'est en fait que par une sorte
> d'anticipation miséricordieuse du Royaume.

C'est grâce à la miséricorde de Dieu
que nous pouvons donner le témoignage de sa miséricorde.
La mission de la Famille-Église voulue par Jésus
est de témoigner que l'amour de Dieu fait vivre dans l'unité.
Il n'y a pas de témoignage d'un Père, Dieu d'amour et de vie,
si ses fils et ses filles ne vivent pas
en famille fraternelle attrayante et accueillante.
La Famille-Église accomplit sa mission
en témoignant de l'amitié de Dieu et de sa paternité,
par la fraternité que vivent ses fils et ses filles.
Montrer que la fraternité des fils de Dieu
est possible à cause de Jésus,
voilà ce dont ses disciples doivent être le signe réel et concret.
Nous avons à témoigner de cette incroyable grâce:
Dieu veut lier amitié avec nous!

Les moyens actuels de communication rapprochent les humains.

Des cultures, des races et des religions différentes
cohabitent de plus en plus en de nombreux pays.
Cette diversité peut devenir une riche pluralité
mais aussi aboutir à l'affrontement de minorités
qui se sont transformées en ghettos.
Le monde d'aujourd'hui est acculé à se battre pour son unité.
Dans ce gigantesque défi pour l'unité de la planète,
la Famille-Église de Jésus jouera-t-elle son rôle?
Pour être fidèles au projet de Jésus, il y a un urgent besoin
de petites fraternités chrétiennes fortes et visibles.
Ces communautés fraternelles se feront par des chrétiens
«fervents disciples du Christ, formant des communautés
aptes à lire l'Évangile avec simplicité et profondeur,
à célébrer et prier ensemble,
à témoigner de la tendresse de Dieu et de l'amour fraternel
dans le concret de l'existence[18]».
Elles devront être ouvertes aux autres Églises chrétiennes,
aux croyants des autres religions comme aux incroyants.
Ce sont ces petites communautés ecclésiales,
formées de chrétiennes et de chrétiens fidèles à la grâce,
qui seront cette Église que Jésus voulait!

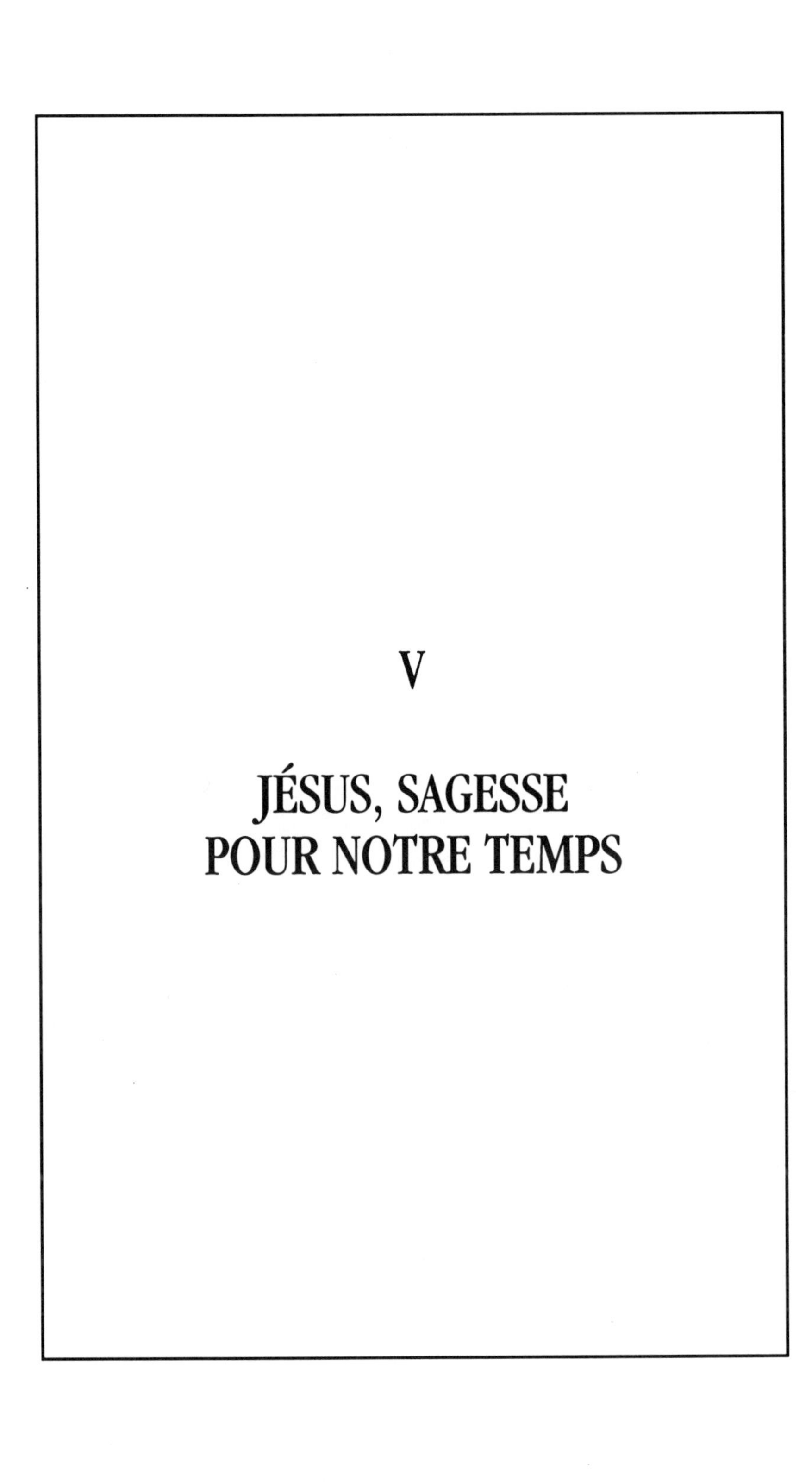

# V

# JÉSUS, SAGESSE POUR NOTRE TEMPS

> Venez à moi,
> vous tous qui peinez sous le poids du fardeau,
> et moi, je vous donnerai le repos.
> Prenez sur vous mon joug
> et mettez-vous à mon école.
> Du fait que je suis bon et simple pour le par-cœur,
> vous trouverez un repos pour vos gorges.
> Oui mon joug est bienfaisant
> et mon fardeau est léger. (Mt 11, 28-30)

## Le joug et le fardeau de la Règle

Que signifient ces phrases de Jésus?
Pour les comprendre,
il faut nous tourner vers les Écrits de la Bible de Moïse.
Dans le livre du Siracide, nous lisons:

> Venez à moi, vous qui êtes sans instruction
> et mettez-vous à mon école.
> Mettez votre cou sous le joug
> et que votre gorge reçoive le fardeau.
> [La sagesse] est proche de ceux qui la cherchent. (Si 51, 23.26)
> Mon fils, dès ta jeunesse accueille l'étude de la *Tora*,
> et jusqu'à tes cheveux blancs tu trouveras la sagesse.
> Tu peineras quelque peu à la cultiver,
> mais tu mangeras bientôt de ses fruits.
> Engage tes pied dans ses entraves et ton cou dans son collier.
> Présente ton épaule à son fardeau
> et ne sois pas impatient de ses liens.
> À la fin tu trouveras le repos en elle
> et pour toi elle se changera en joie.
> Si tu aimes écouter, tu apprendras

et si tu prêtes l'oreille, tu deviendras sage.
(Si 6,18-19; 24-28; 33)

«Mettez votre cou sous le joug
et que votre gorge reçoive le fardeau.»
Quel est ce joug? De quel fardeau parle-t-on?
Joug et fardeau sont liés à l'apprentissage de la *Tora* de Dieu.
Tout Juif apprend par cœur la Règle de vie donnée par Dieu,
tout en se balançant de droite à gauche et d'avant en arrière.

Le premier balancement (de droite à gauche) se nomme le *joug*.
Il évoque l'allure de la génisse quand elle est au travail
et qu'elle balance son joug de droite à gauche.
«Engage tes pieds dans ses entraves et ton cou dans son collier.»
Apprendre et réciter la Règle de Dieu, c'est la cultiver.
On l'apprend pour obéir à ses prescriptions
et mettre en pratique ce qu'elle recommande.
Ces pratiques façonneront notre esprit selon l'esprit de Dieu
et elles nous feront produire des fruits d'amour.
Prier et vivre en accord avec la Règle de Dieu,
c'est «assumer le joug du royaume de Dieu».
L'élève qui ne se soumet pas aux Directives de la Règle de Dieu,
est celui dont la nuque raide ne supporte pas le joug de la Règle.

Le second balancement (d'avant en arrière) est le *fardeau*.
Il évoque le sac pesant qu'on charge sur son épaule.
La Règle apparaît souvent comme un fardeau lourd à porter
car son apprentissage par cœur n'est pas facile.

Mais pourquoi apprendre par cœur la Règle?
Pourquoi faut-il l'enregistrer dans notre mémoire?
La mémoire est très importante pour former notre personnalité.

Tous les gestes que nous faisons: manger, marcher, parler,
sont des gestes inscrits dans notre mémoire.
En elle, des pensées et des paroles sont associées
à des faits que nous avons vécus;
des sentiments sont liés à des situations passées
qui nous ont impressionnées.
Face aux événements que nous avons à vivre,
face aux paroles qui nous sont adressées,
face aux questions qui nous sont posées,
la façon dont nous allons penser et réagir trouve donc sa source
dans ces pensées et ces sentiments conservés dans notre mémoire.
La personne qui perd la mémoire, perd sa personnalité.
Celui qui a subi une congestion cérébrale le sait bien:
il lui faut réapprendre les gestes les plus simples:
marcher, se laver, parler.
Or, pour la culture juive, le *cœur* est le lieu de la mémoire.
Marie conservait tous les événements de la naissance de Jésus
dans son cœur... ou dans sa mémoire (Lc 2,19.51).
La langue française dit un peu la même chose:
apprendre de mémoire se dit apprendre par-cœur.
Le même mot juif voulant dire cœur aussi bien que mémoire,
la parole de Jésus invitant à se mettre à son école
peut se traduire:
«car je suis bon (doux) et humble de cœur»
ou bien
«car je suis bon et simple pour la mémoire».

**Le fardeau des scribes**

> Vous tous qui peinez sous le poids du fardeau,
> venez à moi et je vous donnerai le repos. (Mt 11,28)

On vient dans l'école d'un rabbi pour mémoriser la Règle
afin d'y trouver la Sagesse de la vie,
afin d'agir et réagir, dans le quotidien, selon l'Esprit de Dieu.

Mais la tradition avait ajouté quantité de règlements
aux dix grandes directives de la Règle selon Moïse,
directives qui sont souvent appelées les dix Commandements.
Cela forme les 613 articles de la *Tora*.
La Règle de Dieu, avec autant d'articles,
est-elle encore un aide-mémoire qui soit vraiment utile?
Six cent treize règlements! dont 248 sont des obligations
(autant que les parties du corps, selon la science d'alors!)
et 365 disent ce qui est défendu: soit un interdit par jour.
Ces 613 règlements rendent-ils plus facile
une vie juste et droite, pour les fils et les filles de Dieu?
Tant d'obligations et tant d'interdits peuvent-ils
éduquer la conscience à la liberté et à la responsabilité?
Cette Règle ne devient-elle pas un joug malfaisant,
un fardeau si pesant qu'on ne peut le soulever?
Puisque vivre selon la Règle, c'est devenir fils de Dieu,
lorsque son apprentissage est si difficile,
la paternité de Dieu devient inaccessible,
surtout aux petits et aux humbles.

> Malheureux, vous les hommes de la Règle!
> Vous faites peser de pesants fardeaux sur le dos des gens,
> et vous-mêmes ne touchez pas ces fardeaux
> d'un seul de vos doigts. (Lc 11,46)

Quels sont ces fardeaux pesants?

Ce sont ces 613 règlements minutieux, ces prescriptions de détail,
que la tradition a ajoutés à la grande Règle en dix Directives.
Jésus va réagir contre ce joug malfaisant,
contre ce fardeau devenu pesant de la Règle de Dieu.
Il invite ceux qui l'écoutent à se mettre à son école.
Il veut redonner aux fils et aux filles de Dieu
une Règle qui soit une Règle de vie et non de mort;
une Règle de liberté et non de contrainte,
de responsabilité et non de soumission;
une Règle qui soit une sagesse porteuse de joie
car elle est un joug bienfaisant et un fardeau léger.

## Le joug de Jésus

Pourquoi le joug de Jésus sera-t-il bienfaisant?
Comment le fardeau de Jésus pourra-t-il être léger?
Il faut tout de suite écarter l'idée d'un fardeau plus léger
parce que sa morale serait plus tolérante, moins exigeante.
Jésus dira: «Je ne suis pas venu pour abolir la Règle
mais l'accomplir.» (Mt 5,17)
Pour devenir les fils du Père,
il invite au contraire ses disciples à une droiture
qui surpasse celle des scribes et des Pharisiens.

### *La Règle d'or: l'amour du prochain*

Comment la Règle va-t-elle s'accomplir
pour que son fardeau soit plus léger?
Jésus résume toute la Règle par les deux Directives:
l'amour de Dieu et l'amour du prochain qui lui est semblable.
«Maître, quel est le grand commandement dans la *Tora?*»
demande un scribe, et Jésus lui dit:

> «Tu aimeras le Seigneur ton Dieu
> de toute ta mémoire, de toute ta parole, de toute ta pensée.»

> Tel est le grand et premier commandement.
> Le deuxième lui est semblable:
> «Tu aimeras ton prochain comme toi-même.»
> À ces deux commandements, toute la Règle est suspendue,
> ainsi que les prophètes. (Mt 22,36-40)

Dans le livre du Lévitique, on avait déjà la formule:
«Tu aimeras ton prochain comme toi-même.» (Lv 19,18)
Jésus reprendra aussi une Règle (la règle d'or)
qui était connue des peuples de l'antiquité:
«Tout ce que tu veux que l'autre te fasse, fais-le pour lui.»
Dans le livre de Tobie, cette Règle s'énonce ainsi:
«Ne fais à personne ce que tu n'aimerais pas subir.» (Tb 4,15)
Une vingtaine d'années avant Jésus,
Rabbi Hillel l'avait formulée d'une manière négative:

> «Tout ce que tu ne voudrais pas qu'il t'arrive,
> ne le fais pas non plus à ton prochain.»
> C'est là toute la *Tora*, le reste n'est qu'explication.

Jésus reprend la Règle mais lui donne un accent plus positif:

> «Tout ce que vous voulez que les humains fassent pour vous,
> faites-le vous-mêmes pour eux.»
> Ceci est la *Tora* et les prophètes. (Mt 7,12)

Non seulement il ne faut pas faire de mal à son prochain
mais il faut prendre l'initiative de lui faire du bien.
On est invité à agir envers lui comme on le ferait pour soi,
généreusement, gratuitement, en respectant ses désirs.

Cette Règle d'or n'est donc pas une voie facile.
Cette double directive de l'amour de Dieu et du prochain
sera la ligne directrice, la lumière
par laquelle chacun pourra orienter sa propre conduite.

C'est à partir de cette Règle d'amour que chacun fera ses choix
et discernera ce qu'il est bon et juste de faire.
Quant aux règles secondaires, elles sont faites
pour nous aider à grandir librement dans l'amour.
Ainsi les règles de pureté sont soumises à l'amour du prochain:
Jésus ne craint pas de manger avec des pécheurs connus de tous,
comme Zachée ou Lévi,
car c'est la miséricorde qui dicte sa conduite:
«Ceux qui sont forts n'ont pas besoin de médecin
mais ceux qui vont mal.» (Mt 9,12)
Au mépris des usages qui interdisaient
de fréquenter la maison et la table d'un pécheur,
Jésus s'invite chez Zachée, un publicain.
C'est ce geste d'estime et de confiance
qui va transformer son cœur et lui donner la force de partager.
Malgré tous les règlements de la *Tora*,
Jésus n'hésite pas à toucher les lépreux,
qui sont considérés comme impurs,
pour leur exprimer la bonté de Dieu qui pourra les guérir.
Il fera des guérisons le sabbat, qui est un jour consacré au repos,
car guérir c'est redonner la vie à celui qui est comme mort.
Il préfère redonner confiance à la femme adultère,
que la *Tora* demandait de punir et de lapider,
car, pour lui, tout humain est digne d'amour et d'espérance,
quelle que soit sa faute.

### *L'amour du prochain est un absolu*

Pour Jésus, aucun humain ne peut être rejeté
car l'amour qui lui est dû est un absolu.
Pourquoi?

Nous sommes, chacune et chacun, aimés personnellement
de Celui qui est le Créateur éternel, l'Intelligence de l'univers.
Celui dont la Bible dit qu'on ne peut Le voir sans mourir,
Celui-là nous prie de vivre en communion avec Lui,
car Il se veut notre Père! et pour toujours!
Ni un père «despote tout-puissant» ni un père «grand-papa»,
mais le Père qui veut partager l'amour et la joie.

> Ô fils et fille de l'humain,
> Dieu est proche car Il existe pour toi.
> Il se propose à toi comme ton Père et ton Frère.
> Apprends que ton destin est éternel:
> tu es appelé à une communion d'amour avec Dieu.

Pour le disciple de Jésus, la certitude que Dieu nous aime
est la source de sa foi en notre destinée éternelle.
N'est-ce pas le message
que tant de jeunes appellent de toutes leurs forces,
eux qui se suicident ou se détruisent par manque d'espérance?
Le Canada serait le 1er pays du monde pour la qualité de vie.
Mais il est aussi celui où le suicide est la 1e cause de mortalité
chez les hommes de 25 à 40 ans.
«Si l'Église nous avait dit ce qu'elle a à nous dire,
on ne se serait pas drogués», disait une jeune Soviétique.

Jésus me dit d'où je viens et où je vais.
Il me dit qu'au terme de ce chemin de vie terrestre,
il y a Quelqu'un qui m'attend, les bras ouverts.
Et c'est un blasphème envers Dieu
si cette certitude de l'éternité devient source de démission,
comme elle a pu l'être autrefois quand on disait:

«Peu importe ce que tu souffres d'injustice ici-bas,
tu auras ton bonheur dans le ciel.»
On usait alors abusivement de cette espérance
pour garder soumis ceux qu'on opprimait.
La promesse de beauté éternelle, dans le cœur de tout humain,
appelle et exige qu'on traite chacun et chacune dès maintenant
avec le respect et l'amour qui lui sont dus.

Même si l'univers est d'une telle grandeur
qu'il peut susciter en nous admiration et effroi,
chaque humain est unique aux yeux de Dieu,
si petit soit-il dans l'infiniment grand de l'univers.
Même si nous sommes des milliards sur cette terre,
le plus humilié des humains est unique aux yeux de Dieu.
Comme il doit être unique aux yeux de son prochain.
Dieu nous aime, et Il aime infiniment chacun des humains.
Et nous ne pouvons aimer Dieu
qu'en aimant, nous aussi, tout humain qui nous est proche.
L'amour du prochain est semblable à l'amour de Dieu:
parce que se laisser aimer de Dieu
conduit à *vouloir* aimer tout prochain comme Dieu l'aime;
et à *pouvoir* aimer son prochain par Dieu et avec Lui.
L'amour du prochain est donc aussi absolu que l'amour de Dieu.
La lettre de Jean le dit
dans une formule incisive qui pourrait être de Jésus lui-même:
«Que celui qui aime Dieu aime aussi son frère.» (1Jn 4,21)
Telle est la pratique que les chrétiens tiennent de leur maître.
Toute la sagesse chrétienne part de cette conviction:
Dieu est Amour.
Et de chaque humain, Il a fait un être unique,
digne d'être aimé toujours et pour toujours.

Et cela, malgré le mal qui défigure si souvent en nous
notre ressemblance divine.
L'amour nous pousse à considérer le vrai bien de l'autre
comme si c'était le nôtre,
à vouloir son bonheur, à souffrir de sa souffrance,
à l'aimer comme s'il était nous-même.
L'exercice de l'amour, c'est devenir responsable du prochain.
Cet amour absolu conduit à respecter chaque humain
dans tous ses droits
(sa vie, ses biens, ses besoins élémentaires, ses justes désirs)
et dans sa destinée éternelle.

- *Le respect de toute vie*

Respecter la vie de l'autre
c'est vouloir l'aimer comme Dieu l'aime, comme un être unique:
qu'il soit encore embryon ou devenu centenaire,
qu'il soit fort ou malingre, intelligent ou faible d'esprit,
qu'il soit homme ou femme, blanc ou de couleur,
qu'il soit riche ou pauvre, bon ou méchant...
Pour éclairer les questions qui se posent
à propos de la conception et des expériences sur les gènes,
de la santé, du viol, de l'euthanasie, du racisme...
la première lumière est celle-là:
la vie de l'autre est sacrée car il est divin, immortel.

Marek Halter, auteur d'*Au nom des Justes*, rapporte ce fait:

> Dans la banlieue parisienne, j'ai rencontré une femme
> qui a abrité un jeune homme juif pendant la guerre 39-45.
> Mais elle a été dénoncée à la Gestapo.
> Descente des Allemands qui l'interrogent.
> Elle nie.

> La Gestapo se saisit de son fils, le prend en otage et le fusille.
> Aujourd'hui cette femme est vivante,
> le Juif qu'elle a sauvé est vivant
> et tous deux pleurent...[20]

Malgré que Marek Halter nomme ce fait «la banalité du bien», nous sommes loin ici de la stricte justice du donnant-donnant!

- *Le partage: respect des besoins vitaux de chacun*

La Règle de justice est peut-être suffisante
pour empêcher de voler, de prendre les biens de son prochain.
Mais un amour absolu du prochain,
un sentiment de tendresse pour celui qui souffre,
est sans doute nécessaire pour que se fasse *un réel partage*
afin que nul ne soit dans le besoin.
Cela est particulièrement vrai
dans tant et tant de situations dramatiques,
comme celle vécue dans un petit village du Nordeste brésilien.

> La famine est extrême
> et deux enfants viennent de mourir de faim.
> À la messe du dimanche, l'Évangile proclame:
> «Ne vous inquiétez pas de ce que vous allez manger.»
> Au moment de l'homélie, le prêtre est muet.
> Un paysan lève la main et dit:
> «Heureusement que nous sommes chrétiens
> et que nous croyons à cet Évangile;
> car autrement nous ne serions pas ici
> mais en train de nous déchirer et diviser
> pour accaparer le peu de vivres qui nous reste.
> Nous avons décidé de rester unis et de tout partager.»

Sans un sentiment fort d'amitié pour tout humain,
qui s'engagera dans la simplicité de vie
sans laquelle aucune justice ne pourra atténuer
les différences scandaleuses de biens qui divisent les humains?
La justice est-elle possible sans faire appel à la générosité?

- *Le respect de la terre*

Il faut probablement
plus que l'instinct de protection de l'espèce,
plus que la décision de protéger ses propres intérêts,
pour convaincre chacun de respecter l'environnement,
d'éviter le gaspillage des ressources minières ou énergétiques.
Sans un amour fort de l'humanité et de chacun des humains,
qui se préoccupera, avec assez de ferveur,
de *respecter notre mère la terre*,
notre sœur l'eau et notre frère l'air que l'on respire,
en vue du bien-être des générations à venir?

- *L'unité de l'humanité*

Seul un amour,
plus fort que les affinités naturelles ou le code de savoir-vivre,
peut être la base solide pour *faire vivre les humains ensemble*.
Aujourd'hui, les liens de parenté sont souvent pauvres et rares.
Dans les cités urbaines,
les liens immédiats entre les gens deviennent anonymes;
les communautés naturelles sont devenues quasi inexistantes;
l'immigration produit de multiples groupes ethniques
qui s'ignorent et ne se comprennent pas;
c'est pourquoi la fraternité communautaire est difficile.
Elle est à la fois un besoin et elle se trouve fragilisée
par l'individualisme de la société.

Les milieux de fraternité ne pourront pas durer
et résister aux conflits, aux jalousies, aux forces du soupçon,
s'ils ne sont bâtis que sur le sable de nos sympathies éphémères
ou de nos intérêts communs passagers.
N'est-ce pas le constat fait par Soljenitsyne?

> Nous avions dit: il suffit de changer les moyens de production
> et aussitôt les gens changeront d'eux-mêmes.
> Mais ils n'ont pas changé du tout.
> Pour délivrer les hommes de leur cupidité et de la haine,
> il faut avoir pour but, non la poursuite du bonheur,
> mais la bienveillance mutuelle.

Être chrétien, c'est croire qu'aucune véritable fraternité
ne peut s'édifier autrement que sur le roc de l'amour véritable:
la force divine de la bonté.

*Aimer divinement*

Résumer la Règle de Dieu dans la double directive de l'amour
ne suffit pas à montrer comment elle devient un joug aisé.
«Qu'il est difficile d'aimer!» chante Gilles Vigneault.
Nos limites personnelles, comme l'histoire de l'humanité,
disent trop bien la quasi impossibilité de l'amour.
D'où vient cette certitude de Jésus que son fardeau est léger?
Lui poser la question,
c'est probablement s'attirer la réponse qu'il fit à ses disciples:
«Aux humains, c'est impossible.
Mais pour Dieu, tout est possible.» (Mt 19,26)
Si l'amour véritable est une possibilité,
c'est qu'aimer est d'abord «se laisser aimer».
Et se laisser aimer par Dieu qui nous précède toujours.

Lisons le merveilleux passage de l'évangile de Luc
qui parle de la pécheresse débordante d'amour:

> Un des Pharisiens invite [Jésus] à manger avec lui.
> Il entre dans la maison du Pharisien et s'attable.
> Voici une femme. C'était une pécheresse de la ville. [...]
> Ayant apporté un flacon d'albâtre plein de parfum,
> se tenant en pleurs derrière lui, près de ses pieds,
> elle se met à mouiller ses pieds de ses larmes
> et à les essuyer avec ses cheveux.
> Elle baise longuement ses pieds et les oint de parfum. [...]
> Le Pharisien se dit en lui-même: «Si celui-ci était un prophète,
> il saurait qui (de quelle espèce) est la femme qui le touche:
> une pécheresse!»
> Jésus lui dit:
> «Simon, j'ai quelque chose à te dire:
> Deux débiteurs ont le même créancier.
> Le premier devait cinq cents deniers, l'autre cinquante.
> Mais comme ils n'ont pas de quoi rembourser,
> il fait grâce à tous deux.
> Lequel des deux l'aimera davantage?»
> Simon répond:
> «Je suppose que c'est celui auquel il a fait grâce de plus.»
> Jésus lui dit: «Tu as bien jugé.»
> En se tournant vers la femme, il déclare à Simon:
> «Je suis entré dans ta maison
> et tu ne m'as pas donné d'eau pour mes pieds.
> Mais, elle, a mouillé mes pieds de larmes
> et les a essuyés avec ses cheveux.
> Tu ne m'as pas donné de baiser,
> mais elle, elle n'a pas cessé de baiser longuement mes pieds.
> [...] À cause de cela, je te dis

qu'on lui a remis ses péchés, et il y en a beaucoup,
et ainsi, elle a aimé beaucoup.
Par contre, celui à qui on remet peu, aime peu.» (Lc 7,36-50)

Voilà pourquoi et comment on peut vivre la Règle de l'amour:
c'est Dieu qui nous précède toujours, qui nous aime le premier.
Nous ne sommes pas aimés de Dieu
parce que nous sommes bons et aimables.
Mais, parce que Dieu nous aime, Il va nous rendre bons et aimables.
Redisons-le avec force.
Voilà la Bonne Nouvelle proclamée par Jésus:
Dieu nous aime par grâce, d'une gratuité totale.
Voilà l'Évangile auquel nous devons nous convertir:
Dieu est Père de toute générosité et non pas Juge de justice.
Ce ne sera jamais notre droiture qui nous méritera d'être aimé.
L'amour ne peut pas se mériter sans cesser d'être amour:
c'est-à-dire don et pardon.
Lorsque notre infidélité nous a éloignés de Dieu et de l'amour,
Dieu nous pardonne et Il fait ainsi renaître en nous l'amour.
Celui qui accueille le pardon de Dieu,
sa miséricorde toute gratuite et sans condition,
celui-là va grandir dans l'amour.
Seul Dieu est la force qui nous permet de vivre sa Règle.

Mon ami Jean a eu l'heureuse intuition de cet amour de grâce:
Marie, son épouse, lui et moi, nous nous rencontrions
pour préparer la célébration de leurs vingt-cinq ans de mariage.
Nous cherchions un texte d'évangile.
Aucun texte ne trouvait la faveur de Jean
sauf quand vint le texte de la Vigne, dans l'évangile de Jean:

> Je suis la vraie vigne et vous êtes les sarments.
> Qui demeure en moi et en qui je demeure,
> celui-là portera du fruit en abondance. (Jn 15, 5)

À ma demande, Jean a expliqué pourquoi il aimait ce texte:

> Les premières années de notre mariage furent difficiles.
> Je m'étais mis à boire.
> Mes relations avec Marie et les enfants en pâtissaient.
> Cela aurait pu mal finir.
> Un jour, on m'a fait connaître le mouvement des A.A.
> et, quelque temps après, je retrouvais le Dieu de Jésus
> à travers Copam, notre communauté chrétienne.
> Aujourd'hui, ma femme et moi et les enfants,
> nous sommes unis et heureux;
> mais ce n'est pas parce qu'on l'a mérité
> davantage que les autres couples que nous connaissons
> et qui, malheureusement, se sont séparés.
> *Nous, on n'a juste fait qu'accueillir.*

Ce «juste fait qu'accueillir» traduit bien ce qu'est la grâce.
Ce que Jean et Marie ont accueilli,
c'était une force, une grâce d'amour
qui avait le visage de leurs amis du mouvement A.A.
et de ceux de la communauté chrétienne:
deux rencontres qui les ont fait revivre.
À travers ces amis, à travers l'Évangile partagé en groupe,
c'était Jésus, venu à leur rencontre,
pour les faire vivre de son amour.

La Règle de Jésus est un joug bienfaisant et un fardeau léger:
parce qu'elle nous invite à nous laisser aimer par Dieu
et parce que son amour nous rend capables de vivre cette Règle.

La sainteté du chrétien ne se trouve pas
dans l'héroïsme de ses vertus, mais dans l'accueil de l'amour.

### *Se laisser aimer de Dieu, en Jésus*

Mais comment accueillir l'amour et se laisser aimer de Dieu?
Comment expérimenter que Dieu nous aime?
Peu avant sa mort, Jésus dit à ses disciples:

> «Moi, je suis le chemin, la vérité et la vie.
> Personne ne vient au Père, sinon par moi.»
> Philippe lui dit:
> «Seigneur, montre-nous le Père et cela nous suffit.»
> Jésus lui répond:
> «Tant de temps que je suis avec vous!
> et tu ne me connais pas, Philippe?
> Celui qui m'a vu a vu le Père.» (Jn 14,6-9)

Si vivre selon la Règle de Dieu, c'est devenir fils de Dieu,
cette filiation s'est vécue jusqu'au bout en Jésus de Nazareth.
Elle s'est réalisée parfaitement en lui.
Jésus est ainsi le fils véritable, le fils parfait du Père.
Et il est non seulement le modèle à imiter
mais l'ami, le frère qui nous donne son esprit
afin que nous devenions fils, fille de Dieu par lui et en lui.
Le chrétien est celui qui vit par Jésus, qui vit Jésus.
La sagesse qui nous vient du Christ,
c'est de ne plus faire qu'un avec lui, de vivre de sa vie.
Le chrétien est celui qui connaît intimement Jésus.
C'est en lui qu'il trouve le chemin pour aimer le Père.
Si le joug de la Règle de Moïse nous donne des balises
qui peuvent conduire à devenir fils de Dieu,

le joug de Jésus, c'est l'amitié de celui qui est le fils premier-né.
Cet évangile de miséricorde,
qu'il nous propose comme chemin vers le Père,
Jésus l'a vécu et expérimenté jusqu'au bout.
Sur le chemin, Jésus est le chef de cordée
qui nous fait monter avec lui vers son Père et notre Père.
Une histoire de «pas sur le sable» traduit bien cette idée:

> Un soir, un homme eut un rêve.
> Il rêva qu'il marchait avec Jésus au bord de la mer.
> Sur le fond du ciel, des scènes de sa vie se déroulaient.
> Dans chaque scène,
> deux traces de pas parallèles apparaissaient sur le sable.
> Il pensa que l'une était sans doute la sienne
> et l'autre celle du Seigneur.
> Quand la dernière scène de sa vie s'alluma,
> il se retourna pour revoir les traces de pas sur la grève.
> Or, ici et là, il n'y avait qu'une seule trace de pas,
> et ces moments de marche solitaire
> correspondaient aux heures les plus tristes
> et les plus douloureuses de sa vie.
> «Seigneur, dit-il, quand j'ai décidé de te suivre,
> tu m'avais promis de marcher tout le chemin avec moi.
> Et je vois qu'aux pires moments de ma vie,
> il n'y a qu'une seule trace de pas.
> M'aurais-tu abandonné quand j'avais le plus besoin de toi?
> — Je t'aime, répondit le Seigneur.
> Je t'aime, mon frère.
> Et si tu ne vois qu'une trace de pas
> aux heures les plus difficiles et les plus douloureuses
> c'est qu'alors... je te portais.»

Jésus accompagne son disciple
et c'est par lui qu'il peut connaître Dieu comme Père:

> Personne ne connaît le fils sinon le Père
> et personne ne connaît le Père sinon le fils
> et celui à qui le fils a le dessein de le révéler. (Mt 11,27)

Mais à combien d'entre les chrétiens Jésus peut-il dire,
comme à Philippe:
«Tant de temps que je suis avec toi et tu ne me connais pas?»
Des chrétiens qui, pourtant, croient ce qu'il faut croire,
vivent une vie juste et pieuse,
mais qui n'ont peut-être jamais rencontré Jésus... en vérité!
Rencontrer Jésus en vérité,
c'est chercher à avoir ses réflexes inscrits dans notre mémoire;
c'est communier à sa sagesse parce qu'on a pris l'habitude
de penser avec sa pensée et d'agir avec son amour.
Mais pour le connaître ainsi comme l'ami, le frère bien-aimé,
nous qui n'avons pas connu Jésus sur les routes de Palestine,
notre besoin est grand de le voir vivre.
Cette connaissance de Jésus ne peut se faire
qu'à travers une «lecture priante de l'Évangile»:
une lecture faite avec l'Esprit de Jésus qui nous inspire.

> Dans l'Évangile,
> l'Esprit nous fait découvrir la personne vivante de Jésus
> pour que nous puissions le rencontrer et l'expérimenter
> comme «Seigneur de notre vie».
> [Il faut lire] l'Évangile de telle manière que cette lecture
> devienne prière et transforme notre vie[20].

Si nous consacrons du temps chaque jour
à rencontrer Jésus dans une prière nourrie d'Évangile,

alors il se fera insensiblement une véritable assimilation
entre nos pensées et celles de Jésus.
Pour cette assimilation, une simple lecture ne peut suffire.
Il ne suffit pas de «manger les paroles» de Jésus,
il faut encore «digérer ses pensées».
Il faut lire et relire, faire silence intérieurement
pour écouter ce que Jésus veut nous dire par son Esprit,
ici et maintenant!
Écouter, au sens fort de ce mot
qui ne signifie pas seulement entendre mais *obéir*.
Dans ce mot ob-éir on retrouve le vieux verbe français: ouïr,
comme dans l'expression «j'ai ouï dire».
Obéir, c'est accueillir ce qu'on écoute
et le garder dans son cœur-mémoire pour le mettre en pratique.
C'est ce mot que tout Juif fidèle redit chaque matin:

> *Écoute*, Israël, le Seigneur ton Dieu est Unique...
> Que ces paroles que Je te donne
> restent dans la mémoire de ton cœur.
> Tu les attacheras à ta main comme un signe,
> sur ton front comme un bandeau. (Dt 6,4.6.8)

Pour mettre en pratique ces versets de la Bible,
les Juifs pieux portent sur eux deux petits étuis
qui contiennent des versets de la Règle de Dieu.
Le chrétien doit porter en lui la parole de Jésus.
La liturgie propose chaque jour un passage de l'Évangile.
Choisir une phrase de ce texte et l'inscrire dans notre mémoire
doit permettre de faire «coller à notre peau» la parole de Jésus:

> Tout au long du jour, dans les allées et venues,
> au travail, à la maison,

> mon cœur-mémoire essaie de se souvenir,
> répétant la parole priée le matin,
> comme un message de vie et d'amour.
> Puisée dans la liturgie, elle est écoutée,
> méditée par une immense foule de chrétiens, par l'Église:
> elle est donc faite pour être vécue[21].

Jésus peut et il veut vivre avec nous toute notre vie;
heure par heure, il veut l'inspirer de sa parole.

> L'Évangile est comme un rendez-vous
> que le Christ donne à chacun d'entre nous avec lui,
> jusqu'à la fin des temps;
> un rendez-vous de personne à personne,
> un cœur à cœur vrai, intime, concret.
> La phrase du Seigneur que nous avons arrachée à l'Évangile
> ne doit plus nous quitter,
> pas plus que ne nous quitte notre vie[22].

On ne comprend bien que ce qu'on s'efforce de vivre.
C'est pourquoi, si nous voulons comprendre
tout ce qu'on peut comprendre de Jésus et de l'Évangile,
il faut, pour cela, vivre à fond tout ce qu'on a compris.

> La lumière de l'Évangile n'est pas une illumination
> qui nous demeure extérieure:
> elle est un feu qui exige de pénétrer en nous
> pour y opérer une transformation[23].

Avec Jésus nous pouvons devenir des «viveurs de Dieu»
dans le quotidien de nos vies.
Nous pouvons «être ce petit coin d'humanité
où la Parole de Dieu peut se faire chair
pour continuer les gestes et la vie du Christ[24]».

Il s'agit de vivre en ami de Jésus:
dans la recherche commune de la vérité,
et par la communion des pensées et des actes.
«Je vous appelle amis, car tout ce que j'ai appris de mon Père,
je vous l'ai fait connaître.» (Jn 15,15)
Ainsi la lecture priante de l'Évangile sera le lieu
où grandira cette amitié avec Jésus qui conduit jusqu'à Dieu.

## Le fils de l'humain divinisé

Souvent Jésus s'est désigné par l'expression *fils de l'homme*.
Cette expression peut signifier l'être humain par excellence,
l'humain dans sa pleine vérité.
Pourquoi Jésus a-t-il choisi de s'identifier ainsi?
Lui qui se présente comme le Fils bien-aimé du Père
ne veut-il pas nous dire:
c'est en étant pleinement humains que nous devenons divins.
Devenir divins,
ce n'est pas subir une transformation qui nous serait étrangère:
être comme dé-naturés,
mais c'est aller jusqu'au bout de notre vocation humaine.
C'est en voyant en lui l'humain véritable,
c'est en le connaissant dans toute son humanité
que nous découvrirons en Jésus le visage de Dieu:

> Il a fait ce que nous faisons et senti ce que nous sentons.
> Il a ressenti
> cette difficulté du lever du matin, cette fatigue du jour,
> cette peine profonde
> que nous cause la mauvaise volonté des autres,
> le parti pris de leur hostilité.

> Il a connu la jalousie, le deuil, la trahison,
> l'agonie et la mort.
> Il a connu aussi la joie de se sentir aimé.
> Il a goûté la douceur de la confiance
> que les petits lui apportaient.
> Il a connu la joie de donner et de donner Dieu.
> Il a connu la résurrection.
> Partout où nous passons et où nous passerons,
> il a passé d'abord.
> C'est pourquoi nous le retrouvons partout:
> à notre lieu de travail comme au premier coin de rue.
> Nous le savons, nous ne le réalisons pas.
> Nous ne savons pas le reconnaître dans la douleur qui passe
> comme dans la consolation qui nous est donnée.
> Nous ne savons pas l'entendre pleurer avec nous
> et nous ne savons pas le voir sourire
> à nos légitimes distractions.
> Et pourtant il est là... seulement il faut le voir[25].

Connaître Jésus et vivre l'Évangile
ne nous éloignent pas des réalités humaines les plus simples.
Le lieu du Christ aujourd'hui, c'est l'être humain,
le plus humilié en priorité,
et c'est en ce lieu que Dieu nous appelle à aimer.
C'est au cœur de notre existence d'humain
que Dieu se fait connaître et nous divinise:

> Qu'importe ce que nous avons à faire:
> un balai ou un stylo à tenir, parler ou se taire,
> raccommoder ou faire une conférence,
> soigner un malade ou taper à la machine.

Tout cela n'est que l'écorce d'une réalité splendide,
la rencontre de l'âme avec Dieu:
Dieu qui vient nous aimer[26].

Oui, la sagesse chrétienne est une sagesse pleinement humaine.

# VI

# UN CERTAIN JÉSUS QUI EST MORT ET QUE PAUL GARANTIT ÊTRE VIVANT

Nous sommes probablement en l'an 60.
Paul, l'apôtre de Jésus parmi les peuples païens,
a été arrêté à Jérusalem, deux ans auparavant.
Il est emprisonné à Césarée.
Le gouverneur romain Festus parle de Paul au roi Agrippa:

> Les accusateurs [juifs] se sont présentés.
> Ils n'ont soulevé aucun grief concernant des forfaits
> que j'aurais soupçonnés, pour ma part.
> Ils avaient seulement avec lui,
> je ne sais quelles contestations touchant leur religion à eux:
> *un certain Jésus qui est mort*
> *et que ce Paul garantit être vivant.* (Ac 25,18-19)

Ce Paul n'avait pas toujours été un disciple de Jésus.
Saül (c'est son nom juif) est originaire de Tarse
mais il est venu étudier à Jérusalem.
C'est là qu'il rencontre la nouvelle secte des Nazaréens,
comme on appelle alors les disciples de Jésus.
On est quelque temps après la mort de Jésus
et Saül va devenir un des plus zélés persécuteurs des chrétiens.

## Ce qui a converti Saül

Il faudra l'événement de Damas
pour que Saül change du tout au tout.
C'est la rencontre de Jésus ressuscité
qui va ébranler la hargne de Saül pour Jésus et sa secte.
Cet «Israélite de naissance, de la tribu de Benjamin,
Hébreu, fils d'Hébreux, Pharisien pour ce qui est de la *Tora*»,
ne pouvait accepter Jésus
à qui il reproche d'avoir brisé la confiance en la Règle de Dieu.

La Règle de la grâce prêchée par Jésus était sans doute pour lui
comme une morale de rabais, faite pour les faibles.
Il faisait partie de ceux qui jugent que la bonté
est contraire à la dignité de l'être humain adulte.
Seule la justice serait la vertu de l'humain véritable.
Lui, en Pharisien fidèle, met toute sa volonté
à se vouloir juste devant Dieu par l'observance de la Règle.
Il a la certitude de faire la volonté de Dieu
en luttant de toutes ses forces contre la secte des Nazaréens.
Jusqu'au jour où il fait la rencontre de Jésus
sur le chemin de Damas:

> «Saül! Saül! pourquoi me persécutes-tu?
> – Qui es-tu mon seigneur?
> – Je suis Jésus...» (Ac 26,14-15)

Rencontre décisive qui va bouleverser la vie de Saül:
puisque Jésus est vivant,
c'est la certitude que son message est la vérité sur Dieu.
Dieu a confirmé Jésus en le ressuscitant.
Il l'a justi-fié.
Pour Saül-Paul, cette résurrection nous dit
que «ce-pourquoi-Jésus-est-mort», c'est cela qui est vérité:
la bonté jusqu'au pardon est bien la nature de Dieu.
Le vrai chemin de notre filiation divine,
c'est l'amour de grâce
et non pas la justice équitable des Pharisiens.
Tout ce qui faisait la sécurité et la fierté de Paul:
son appartenance à Israël, au mouvement des Pharisiens,
ses études dans la *Tora* de Dieu et sa pratique religieuse,
tout cela ne compte plus pour lui.

> Tous ces avantages que j'avais,
> je les regarde maintenant comme des désavantages
> au regard de ce bien suréminent
> qu'est la connaissance du Christ Jésus, mon Seigneur.
> Pour lui, j'ai accepté de renoncer à tout.
> Je considère tout cela comme des balayures,
> afin de le gagner et de m'unir à sa vie:
> non plus en possession d'une droiture qui soit mon œuvre,
> mais d'une droiture que Dieu donne
> et qui s'obtient par la foi au Christ.
> J'ai renoncé à tout
> pour le connaître,
> pour éprouver la puissance de sa résurrection,
> pour devenir semblable à lui dans sa mort,
> en participant à ses souffrances,
> afin de parvenir un jour, si possible,
> à ressusciter d'entre les morts. (Ph 3,7-11)

La rencontre de Jésus ne peut pas avoir été simplement un rêve.
Il faut une expérience spirituelle incontestable
pour transformer ainsi cet être de feu qu'est Saül:
pour faire d'un farouche adversaire
le plus grand des disciples de Jésus.
À ses chers chrétiens de Corinthe,
Paul livrera le secret de son attachement au Christ:

> Je connais un homme en union avec le Christ
> qui, voici quatorze ans...
> (comment est-ce arrivé? dans son corps ou hors de son corps?
> je ne sais pas mais Dieu le sait),
> cet homme-là fut enlevé au ciel...
> transporté jusqu'au paradis.

> Il entendit des paroles indicibles,
> qu'il n'est pas permis à l'humain de redire. (2 Co 12,2-4)

Cette rencontre transformera la vie tout entière de Paul,
comme elle l'a fait aussi des Onze apôtres,
ces hommes craintifs et plutôt lâches:
pensons à leur attitude lors de l'arrestation de Jésus!
La rencontre de Jésus vivant, ressuscité de la mort,
les a transformés en témoins, jusqu'au martyre.

## La mission du disciple de Jésus

«Comme le Père m'a envoyé,
moi aussi je vous envoie» (Jn 20,21):
Jésus donne mission à tous ceux qui seront ses disciples,
au long des siècles,
de continuer à travailler à l'An de grâce.
Au soir de Pâques, Jésus apparaît aux Onze:

> Il leur dit: «Paix à vous!»
> Il souffle sur eux et leur dit:
> «Ceux à qui vous remettrez les fautes,
> elles leur seront remises.
> Ceux à qui vous les maintiendrez,
> elles seront maintenues.» (Jn 20,21-23)

Gracier... et être porteur de paix, par la force du Souffle divin,
voilà la mission du chrétien.

### *Le chrétien, porteur de pardon*

Le disciple de Jésus est porteur de la paix véritable.
Le mot français paix provient peut-être de la racine PAL
qui exprime l'image du pieu fiché en terre.
On retrouve cette racine dans *pal*issade.

Notre expression «ficher la paix» pourrait vouloir dire:
établir les frontières de son territoire par des pieux fichés en terre,
délimiter la zone qu'il faut respecter
pour que chacun soit chez soi et sans conflit avec son voisin.

Le mot juif *Shalom* dit quelque chose de plus beau sur la paix.
*Shalom*, c'est la concorde et l'unité.
Jérusalem, la ville de la paix, est décrite, dans le psaume 122,
comme la ville «où tout ensemble ne fait qu'un».
En langue juive,
mettre le toit sur une maison se dit «pacifier la maison»
et l'ami se dit «l'homme de ma paix».

Un jour je demandais à un ami juif comment il expliquait
qu'Israël n'ait pas reconnu Jésus comme le messie.
Il me répondit: «Le messie sera porteur de la paix
et Jésus ne l'a pas apportée.
Après lui, le peuple de Dieu a été écrasé et dispersé.»
Mais, pour le chrétien, Jésus a apporté la véritable paix:
une force de paix qui respecte la liberté humaine,
Car on ne peut jamais contraindre personne à vivre la paix.
La paix imposée n'est qu'un moindre mal.
Cette force de paix véritable, c'est le pardon.
Jésus a prêché cette paix par la parole et l'exemple.
Ressuscité, il communique à ses disciples
le souffle spirituel divin qui en donne la force:

> «Paix à vous!
> Comme le Père m'a envoyé,
> moi aussi je vous envoie.
> Recevez le souffle spirituel de sainteté.

Ceux à qui vous remettrez les fautes,
elles seront remises.» (Jn 20, 19.21-23)

Les disciples de Jésus sont envoyés pour transmettre le pardon:
un pardon qui prend sa force et sa source en Dieu.
Car le pardon n'est pas naturel:
surtout lorsqu'il s'agit de pardonner
à ceux qui veulent nous détruire ou détruire des êtres chers.
Ce qui est naturel, c'est «œil pour œil, dent pour dent».
Pour être capable de pardonner,
il faut croire et espérer dans la force de la bonté.
Pour cela, on a besoin d'avoir fait l'expérience du pardon:
avoir soi-même vécu un pardon d'amour.
Personne ne peut se pardonner à soi-même.
On peut, tout au plus, s'excuser du mal que l'on fait.
Le mal est toujours un manque d'amour,
une faute contre l'amour.
Pour être véritablement pardonné, libéré de la culpabilité,
il faut donc être aimé par plus grand que soi;
il faut recevoir une force qui nous rétablit dans l'amour,
qui nous rend à nouveau capables d'aimer.
Cette force ne peut venir que d'un autre plus aimant que nous,
et d'abord de l'Autre qui est le Dieu-Amour.
«Si ton cœur te condamne,
Dieu est plus grand que ton cœur.» (1Jn 3,21)
Le pardon de l'humain accordé à son semblable
ne fait que transmettre les forces divines d'amour
qui ont déjà fait, en nous, leur œuvre de pardon.
Parce que le pardon est la guérison du cœur
et le chemin de la réconciliation,
il est porteur de la paix véritable.

### *Le chrétien, artisan de paix*

Mais la paix n'est pas seulement l'absence de conflit.
Elle est aussi une force d'unité qui œuvre à la rencontre
et au dialogue de ceux qui sont différents.
Au matin de Pâques,
aux femmes qui cherchent le corps de Jésus,
le messager divin confie cette demande:

> Allez dire à ses disciples:
> Il s'est réveillé d'entre les morts.
> Il vous précède en Galilée: là, vous le verrez. (Mt 28,7)

Ce n'est pas à Jérusalem (un lieu exclusivement juif)
que le Christ ressuscité envoie ses disciples,
mais dans la Galilée des nations où Juifs et Païens se côtoient.
Quel est le sens de cet envoi en Galilée?
Peut-être a-t-il une double signification:
– l'Évangile de la grâce doit être proposé à tous les humains,
qu'ils soient membres du peuple juif ou d'autres peuples;
– l'amour gratuit est déjà vécu par des humains de partout:
qu'ils soient croyants en Dieu ou incroyants.
Le disciple de Jésus croit que l'Esprit de Dieu
féconde en chaque humain des richesses d'amour et de vérité.
Aussi respect et dialogue doivent éclairer ses relations
avec les croyants d'autres religions et avec les incroyants.
Il va vers le musulman
pour y découvrir le sentiment fort de la grandeur de Dieu;
il se tourne vers le bouddhiste
pour y puiser la sérénité du cœur;
il découvre dans l'adepte du Nouvel Âge
le sens de l'harmonie et de l'unité de toute la création.

Le chrétien n'ignore pas les divergences.
Il sait aussi qu'en chacun — en l'autre et en lui-même —
tout n'est pas vérité et amour.
Mais plutôt que de vouloir avec force — sinon de force —
convaincre l'autre de son erreur,
il espère plutôt, selon une formule du Père Lacordaire,
tenter de «marcher ensemble vers une vérité plus grande».

## Jésus vivant nous fait vivants pour toujours

Notre destinée éternelle se joue dans la rencontre de l'autre:
l'autre respecté et aimé comme un frère.
La parabole du Jugement dernier (Mt 25,31-40) nous dit
que l'occasion de faire grâce se trouve ici et maintenant.
Chaque jour, celui qui a faim et celle qui a froid,
le malade, le prisonnier, le solitaire,
tous sont, pour le disciple, l'occasion d'aimer gratuitement,
comme Dieu.

> Le plus grand malheur qui puisse arriver à une personne,
> même aux plus petits,
> c'est de ne penser qu'à soi-même.
> La seule et unique règle qui conduise au bien et au bonheur
> est l'attention au plus faible[27].

Avec Jésus, je deviens fils du Père
quand son Esprit vient en moi
et que, par mes mains, nous partageons le pain avec notre frère,
que, par mes yeux, nous disons la bonté de Dieu au malade,
que, par mes lèvres, nous sourions à l'enfant.

Avec Jésus, je deviens fils du Père
quand son Esprit vient en moi
et que nous crions notre colère

devant ses fils humiliés, défigurés;
quand son Esprit vient en moi
et que nous échangeons le pardon là où l'on s'est offensé.

Avec Jésus, je connais le Père
quand son Esprit vient en moi
et que mon cœur vit de la grâce de Dieu.
Alors, aimer de grâce me fait devenir fils de Dieu,
vivant pour toujours avec Lui,
parmi des multitudes de frères et de sœurs.

*

* *

Nous voici au terme d'un parcours
qui a voulu tenter de tracer un portrait de Jésus.
Ce portrait est non seulement imparfait mais partial.
Vingt siècles après le Golgotha,
pour beaucoup d'humains, le «mystère Jésus» demeure.
Pour beaucoup d'autres, qui se veulent ses disciples,
demeure Jésus qui introduit dans le mystère de Dieu,
dans le mystère de la vie.

Pour moi, si je suis disciple de Jésus,
c'est parce que je le crois fils unique du Père Divin,
fils exemplaire qui peut nous conduire à Lui.

Avec les grands mystiques chrétiens
et les humbles croyants,
à l'école de Jésus,
je crois que le cœur de Dieu n'est que tendresse infinie.
Mais cette connaissance de Dieu est mystère.
Non pas qu'elle fasse fi de l'intelligence,
mais, pour connaître le Père,
il faut plonger soi-même
dans le bain de la tendresse et de la miséricorde.
Celui qui se laisse aimer de miséricorde, devient miséricordieux.
Et celui qui aime de miséricorde devient divin.
De ce chemin de vie divine, éternelle,
Jésus de Nazareth est le maître:
Il est mon Seigneur et mon frère.

# NOTES

1. Madeleine DELBRÊL, *Fiches du diocèse de Périgueux*, 1993, n° 4.
2. Madeleine DELBRÊL, *Nous autres, gens des rues*, Seuil, 1966, p. 44.
3. Madeleine DELBRÊL, *La joie de croire*, Seuil, 1967, p. 82.
4. B. WŒSTELANDT, cité dans BASTIAN, *Le New Age*, O.E.I.L., Paris, 1991, p. 102.
5. Cité dans Jean VERNETTE, *Le Nouvel Âge*, Tequi, 1989, p. 35.
6. Madeleine DELBRÊL, *Nous autres, gens des rues*, Seuil, 1966, p. 57-59.
7. Marcel JOUSSE, *L'anthropologie du geste*, Gallimard, 1974, p. 375.
8. Madeleine DELBRÊL, *Fiches du diocèse de Périgueux*, 1993, n° 7.
9. Madeleine DELBRÊL, *Nous autres, gens des rues*, Seuil, 1966, p. 91.
10. Inspiré de Paul XARDEL, *La flamme qui dévore le berger*, Cerf, 1993, p. 50-51.
11. Cité dans François VARILLON, *La souffrance de Dieu*, Centurion, 1974, p. 66.
12. François VARILLON, *La souffrance de Dieu*, Centurion, 1974, p. 96.
13. Martin Luther KING, *Combats pour la liberté*, Payot, 1968, p. 127.
14. Joachim JÉRÉMIAS, *Les paroles inconnues de Jésus*.
15. Jacques LŒW, *Vous serez mes disciples*, Fayard-Mame, 1978, p. 174.
16. Madeleine DELBRÊL, cité dans Jacques LŒW, *Comme s'il voyait l'Invisible*, Cerf, 1964, p. 172.
17. André BARON, cité dans Jacques LŒW, *Comme s'il voyait l'Invisible*, Cerf, 1964, p. 176.
18. JEAN-PAUL II, allocution aux disciples de l'École de la foi de Fribourg.
19. Marek KHALTER, dans le journal *La vie*, n° 2477, 18 février 1993.
20. Cardinal Carlo-Maria MARTINI, manuscrit.
21. André CHOQUETTE, *Viveur de Dieu au quotidien*, Éd. Paulines et Apostolat des Éditions, 1981, p. 14.
22. Madeleine DELBRÊL, *Fiches du diocèse de Périgueux*, 1993, n° 4.
23. Madeleine DELBRÊL, *Fiches du diocèse de Périgueux*, 1993, n° 4.
24. Madeleine DELBRÊL, *Fiches du diocèse de Périgueux*, 1993, n° 3.
25. Henri GUESDON, manuscrit.
26. Madeleine DELBRÊL, *Fiches du diocèse de Périgueux*, 1993, n° 3.
27. Abbé PIERRE, dans le journal *La vie*, n° 2526, 27 janvier 1994.

# TABLE DES MATIÈRES

Achevé d'imprimer
en août 1994
sur les presses de
Imprimerie H.L.N. Inc.

*Imprimé au Canada — Printed in Canada*